Heute weiß ich, dass ich einen großen Dank schulde: meinen Lehrern, die ihr Wissen an mich weitergegeben haben und natürlich auch meinen Eltern, meinem Mann und meinen Kindern, die mir viel Liebe gaben.
Besonderen Dank verdienen Elena Kuznetsova, die mir beim Schreiben dieses Buches geholfen hat, Martina Stier, die es aus dem Russischen übersetzte und Henrike Graef, die das Buch sprachlich überarbeitete.

Insofern widme ich mein Buch all diesen großartigen Menschen.

**Oksana Trautmann**

**Alles vergeht - Erleuchtung bleibt**

**Kosmoenergetik als Weg**

Bibliografische Information der Deutschen Nationalbibliothek:
Die Deutsche Nationalbibliothek verzeichnet diese Publikation in
der Deutschen Nationalbibliografie; detaillierte bibliografische
Daten sind im Internet über http://dnb.dnb.de abrufbar.

Illustration: Vorname Name oder Institution
Übersetzung: Martina Stier
weitere Mitwirkende: Henrike Graef

Herstellung und Verlag: BoD – Books on Demand, Norderstedt

ISBN: 978-3-7322-3215-4

## *Vorwort*

Warum schreibe ich dieses Buch? Sicherlich nicht deshalb, weil ich mich für jemanden halte, der außergewöhnlich ist. Ich finde aber, dass ich ein Leben führe, dass sich nicht als üblich bezeichnen lässt. Nicht zuletzt forderten mich auch immer wieder Menschen, deren Weg ich gekreuzt habe, dazu auf ein Buch zu schreiben. Anfangs hatte ich solche Wünsche immer mit einem Lachen abgetan; mit der Zeit begann ich aber, mich mit dem Gedanken an ein eigenes Buch anzufreunden. Auf der einen Seite komme ich auf diese Weise dazu, mein bisheriges Leben zu reflektieren, auf der anderen Seite erreiche ich viele Menschen, die aus meinen Erlebnissen Kraft schöpfen können. Und wenn meine positive Energie die Seelen der Leser erreicht, dann ist das Buch schon nicht umsonst geschrieben.

Jeder von uns hat sich früher oder später im Leben eingerichtet. Man hält sich an die Regeln und akzeptiert nur die sichtbare Welt. Man merkt dabei nicht einmal, wie man mehr und mehr im Denken beeinflusst und eingeengt wird. Hier soll mein Buch ansetzen: Ich betrachte diese Dinge als einen Erkenntnisprozess, den wir manchmal in Angriff nehmen wenn wir im Leben nicht mehr klarkommen. Wir werden wach und begeben uns auf die Suche nach dem Grund und finden dabei unser „Ich".

Meine Suche hat mich zum Ziel geführt.

## *Wie alles begann*

Öffnen Sie mit mir für einen Moment, "den Schleier der Zeit", und berühren Sie die wunderbare, schöne und unbekannte Welt der Kosmoenergie.
In Moskau, einer großen und geschäftigen Metropole Russlands wurde ich geboren. Dort wo das Leben mit einem wahnsinnig eiligen Tempo einhergeht. Die Menschenmassen, starker Verkehr, die endlose Hektik des Lebens ... Wir rauschen ständig in einem wilden Wirbel der Tage und Ereignisse. Wir rennen alle in unserem „Hamsterrad" und allmählich beginnen wir zu vergessen, wie unglaublich schön blühende Blumen sind, den wunderbaren Geruch des Waldes nach einem Regen oder die extrem tiefe Stille... Und manchmal bekommen wir einfach nicht mehr genug Ruhe, damit sich unsere gequälte Seele vom Rennen des Alltags erholen kann.
Einst vor vielen Jahren, ging ich zu einer kleinen schönen Kirche im Herzen von Moskau. Nahe dem Eingang setzte sich am Zaun ein älterer Mann hin. Vor ihm stand ein kleiner Tisch mit Büchern bedeckt. Ich stellte mich neben ihn um zu sehen, was für Bücher er verkaufte. Der alte Mann schaute mich kurz an und nickte, kramte dann in einigen seiner Bücher und wählte eines von vielen aus. Daraufhin sagte er ruhig zu mir: "Nehmen Sie es. Dieses Buch wird sehr nützlich sein."
Dies war mein erstes Buch über Numerologie. Seit dem Tag nutze ich dieses Buch und damit begann mein autodidaktisches Studium dieser faszinierenden Wissenschaft.
Währenddessen waren die Menschen immer noch skeptisch gegenüber der Astrologie und Personen, die sich mit diesen Dingen beschäftigten, da sich doch einige als Betrüger herausstellten.

Meine Großmutter hingegen war eine Heilerin, die wiederum dieses Geschenk von ihrer Mutter erhielt. (Die Gabe wurde von Generation zu Generation durch die weibliche Linie überliefert). Meine Oma behandelte Menschen mit Kräutern, Gebeten und energetischer Arbeit. Sie beschäftigte sich nebenbei auch viele Jahre mit Yoga-Übungen.

Als ich noch zur Schule ging, besuchte ich hinterher oft meine Großmutter.Sie erzählte mir meist viel davon, welche Kräuter welche Krankheiten heilen, wo und wie man sie sammeln konnte und was man wissen sollte um sie richtig zu nutzen. Als die Zeit gekommen und ich groß genug war, beschloss meine Großmutter mir ihre Fähigkeiten weiter zu geben. Sie begann damit, indem sie ihre Hand auf meine Stirn legte und sagte, dass ich mich entspannen solle und keine Angst haben müsse. Ich realisierte einen Strom aus Licht, welcher aus ihren Augen strahlte und in meine Augen überging. Es war ein Gefühl, welches mich mit Kraft und Energie erfüllte. Ich spürte eine wohlige Wärme und aus irgendeinem Grund erkannte ich, dass es nichts Schlimmes war, was mit mir geschah. Das Wesen vom Lichtstrom und der Energie floss wie schimmerndes Licht leicht und langsam an mir herunter. Dies war der Zeitpunkt der Fusion mit etwas Ungewöhnlichem, Signifikantem und für mich sehr Wichtigem. Plötzlich sah ich eine Menge verschiedener Farben. Sie glänzten und funkelten vor meinen Augen. Die Farben wechselten sich ab, flossen ineinander und formten einen erstaunlichen Regenbogen.

Viele Jahre später erlebte ich etwas Ähnliches bei einem „Klinischen Tod", was bedeutete, dass bei mir keine Atmung, kein Puls oder andere Lebenszeichen zu sehen waren.

Viele Menschen, die diese Erfahrung auch durchlebt haben, beschreiben ähnliche Empfindungen. Um es in kurzen Worten zu beschreiben: es ist ein Gefühl des Fliegens durch einen dunklen Tunnel zum Licht, ebenso ist es ein Gefühl der Ruhe und Entspannung. Manchmal gibt es während einer solchen Phase Begegnungen mit verstorbenen Verwandten, usw.
Dieses Phänomen wird als "Nah-Tod-Erfahrungen" bezeichnet. Es gibt zwei Ansichten zur Erklärung des Phänomens. Gemäß der ersten, kann sich das menschliche Bewusstsein unabhängig von dem menschlichen Gehirn bewegen und existieren. Nah-Tod-Erfahrungen könnten – gemäß der zweiten Ansicht – auch als Bestätigung für die Existenz des Jenseits dienen.

Doch derzeit sind diese Ansichten umstritten. Die Medizin glaubt, dass solche Halluzinationen durch zerebrale Hypoxie verursacht werden. Doch wie erklärt die Wissenschaft den bewussten Ausstieg des Geistes aus dem Körper, den Personen durch Praktiken und Meditationen erreichen?
Auch hier sagt die Wissenschaft es seien Halluzinationen, die durch Hypoxie (= Sauerstoff-mangel) des Gehirns verursacht wer den.
In meiner Jugend durchlebte ich den klinischen Tod während einer Operation. Schmerzhaft wurde ich aus meinem Körper gerissen. Eine Strömung zog mich mit sich und ich konnte mich nicht dagegen wehren. Vor mir spielten sich bedeutende Ereignisse aus meiner Vergangenheit ab, wie in einem Film. Schließlich erreichte ich das Ende dieser Strömung und ein Gefühl von Glückseligkeit und Frieden überkam mich. Ich sah meine verstorbene Großmutter und versuchte mich ihr zu nähern, aber sie schüttelte den Kopf und ich hörte eine Stimme: "Geh zurück. Noch nicht. Du hast eine Bestimmung, die du noch nicht erledigt hast. Es ist zu früh. Du kannst nicht hier bleiben."
Ich kann nicht beschreiben, wie viel Kraft es mich gekostet hat, wieder zurück zu kommen. Ich kämpfte gegen diese Strömung, diese Kraft an und schließlich erreichte ich wieder meinen Körper. Er fühlte sich seltsam und unangenehm an. Es fühlte sich an, als ob ich alte, schmutzige Kleidung an hätte. Ich hatte mich von oben gesehen, wie ich da lag und um mich herum die Ärzte. Einer der Ärzte erzählte eine lustige Anekdote während ich unter Narkose stand, die ich ihm nach der Operation wiederholen konnte. Er war verwirrt und meinte: "Du konntest es nicht hören. Es ist unmöglich. Du warst bewusstlos und unter schwerer Narkose."

## „Zufällige Begegnung"

Mein Treffen mit meinem Mann Ingo, war ungewöhnlich. Zu dieser Zeit wurde ich geschieden und hatte einen kleinen Sohn aus der ersten Ehe. Ich fühlte mich ganz alleine und verlassen. Meine Mutter bestand darauf, dass ich ein paar Wochen irgendwo entspannen sollte. Bald stand das „Neue Jahr" an, dies bedeutete Hektik und Vorbereitung und konnte meine depressive Stimmung nicht gerade verbessern. Unglaublich! In der Nacht vor dem Neuen Jahre schaute ich in die Kristallkugel, was das Neue Jahre bringen würde. Ich sah einen fremden Mann. "Bulgarien, Bulgarien hämmerte es in meinem Kopf. Du musst nach Bulgarien gehen!" Und am nächsten Tag – aus einem unerklärlichen Impuls heraus – hatte ich eine Reise nach Bulgarien gebucht. Warum ich es tat? Warum ich dieser Inspiration vertraute, konnte ich nicht erklären. Also flog ich nach Bulgarien mit einer Gruppe von russischen Touristen. Zwei Wochen vergingen wie im Flug. Dann kam der Tag meiner Abreise. Ich war sehr traurig, weil das, was ich in der Kristallkugel gesehen habe, sich nicht erfüllt hatte. Vor dem Verlassen des Hotels blieben noch zwei Stunden. Ich entschied mich kurzfristig zum Meer zu gehen, ging zum Strand, saß auf einem Felsen und fing an zu trauern. "Nun, das ist alles" - sagte ich mir. „Urlaub ist vorbei. Es ist Zeit, zurückzukehren. Es tut mir leid. Meine Vorhersage war falsch, das war alles nur eine erfundene Geschichte, " Und plötzlich war es, als ob mich jemand scharf an der Schulter packte. Ich drehte mich um. In diesem Moment, am Sandstrand, ging der Mann aus meiner Kugelwelt. Sein Gesicht war nicht zu sehen, er trug eine Sonnenbrille, aber ich wusste sofort, dass er es war. Er blieb in zehn Meter Entfernung vor mir stehen, nahm seine Brille ab und schaute mir wachsam in die Augen, warf ein Handtuch auf den Sand und ging zum Wasser. Plötzlich, kam von irgendwo auf der Seite eine Gruppe Urlauber daher. Die lärmende Menge lief ins Meer, und ich verlor ihn aus den Augen. Ich schaute auf meine Uhr. Es blieb eine halbe Stunde. Es war Zeit zu gehen. "Nun, nur noch einmal schwimmen und dann gehen" dachte ich. Ich ging ins Wasser und schwamm. Und dann, plötzlich, direkt vor mir, tauchte er aus dem Wasser auf. Breit grinsend, sagte er auf Englisch: "Sprechen Sie

Deutsch? Und Englisch? Ich war buchstäblich sprachlos. "Ja –
sagte ich stotternd. Ich spreche Englisch". Wir kamen aus dem
Wasser und setzten uns an einen Tisch in einem Café in der
Nähe. Wir tranken Kaffee und unterhielten uns nicht, waren aber
brennend aneinander interessiert. Sekunden vergingen, während
der goldene Sand durch seine Finger rieselte, es war für mich Zeit
zu gehen. Ingo schrieb mir seine Adresse auf, und sagte: "Hier,
nehmen Sie dies. Wenn Sie jemals den Wunsch dazu haben, dann
schreiben Sie mir". Wir verabschiedeten uns und ich eilte zum
Hotel. Nach Moskau zurückgekehrt, konnte ich nicht mehr über
irgendetwas Anderes nachzudenken. All meine Gedanken waren
nur bei Ingo, also beschloss ich, ihm einen Brief zu schreiben. Drei
Wochen später erhielt ich eine Briefantwort von ihm. In dem
Umschlag war eine Einladung zu einem Besuch. Drei Monate
später flog ich nach Deutschland. Es waren wunderbare,
unvergessliche Tage die wir miteinander verbracht haben. Und
zwei Jahre später haben wir geheiratet.

Warum schreibe ich darüber? Ich meine, manchmal im Leben gibt
es absolut erstaunliche Ereignisse, die uns eine Chance geben,
Maßnahmen zu ergreifen und unser Leben zu ändern. Die
Veränderungen basieren auf einer Art innerem Gefühl, auf Intuition
und dem Glauben an scheinbar unglaubliche mystische Dinge.
Das Schicksal gibt uns immer eine Chance. Aber ob wir sie nutzen
oder nicht - hängt von uns ab. Es scheint mir, das „Durchs-Leben-
Gehen" ist so, als ob sich eine Person durch einen Gang mit vielen
Türen an den Seiten bewegt. Manchmal sind diese Türen offen.
Und wenn wir hineingehen, und uns in eine andere Richtung
bewegen können wir unser Leben ändern. Aber wenn wir
vorbeigehen, die offene Türe nicht durchschreiten und nicht wagen
diese Chance zu ergreifen, bleiben wir auf der gleichen Bahn
unseres Lebens. Die Tür schließt sich wieder und wir gehen
weiter, ohne Umwege, nur immer geradeaus.

## *Ein Neues Leben*

So kam ich nach Deutschland und mein Leben in einer ruhigen, kleinen Stadt im Thüringer-Wald begann. Weit weg von Moskau, von der riesigen, pulsierenden Metropole, in der ich mein ganzes bisheriges Leben gelebt hatte, erkannte ich, dass ich auch in einer kleinen Stadt glücklich sein kann. Die Hauptsache war, dass ich mit jemandem zusammenlebte, der mich liebte. Aber was ist die Liebe? Dies wird später diskutiert werden.

Also, einmal in Deutschland, war ich zwar „geheilt", andererseits völlig unvertraut mit der neuen Situation. Es war ein völlig neues Leben für mich. Aber meine Gabe ließ mich nicht Ruhe und wurde jeden Tag besser. Und nach einer Weile, nachdem ich gelernt hatte, die deutsche Sprache, auf der Ebene des Gesprächs, zu beherrschen, fing ich an, in einer Firma zu arbeiten, die eine astrologische Beratung von Menschen am Telefon durchführte.

Ich bin dem Universum sehr dankbar für diese Zeit. Sie erlaubte mir, meine Basis in der Astrologie weiter zu entwickeln, meine Fähigkeiten zu üben und sie so weit wie möglich zu verbessern. Beim Anhören der Lebensgeschichten vieler Menschen, und dabei ihnen geholfen zu haben, richtige Entscheidungen in manchmal schwierigen Situationen im Leben zu treffen, konnte ich viele Erfahrungen sammeln.

In diesem Buch möchte ich die Techniken beschreiben die, meiner Meinung nach, zur Erleuchtung beitragen, die zur Erhöhung von Vibrationen führen, und als Folge davon – zu einer Änderung der Ebene des Bewusstseins, zur Verbesserung der Gesundheit, zur Verbesserung der moralischen und intellektuellen Ebene des Bewusstseins und zum Sinn und Zweck des Lebens, zum Öffnen der stillen Reserven und inneren Kräfte des Menschen.

Ich beschreibe, wo Sie anfangen können, wie man sich bewegt auf dieser „Reise" zur kosmoenergetischen Erleuchtung, welche Bücher Sie lesen sollten und wie man sie in der Praxis anwenden kann – alles dies möchte ich mit Ihnen teilen.

## *Kraft der Gedanken*

Vor vielen Jahren hatte ich den Film "Sekret" von Joe Vitale gesehen, und danach seine Bücher "Sekret", "Schlüssel" und „Die Geheimnisse der Hawaiische Heiler" gelesen. Alle seine Bücher gehören zu den großen Welt-Bestsellern und wurden in viele Sprachen übersetzt. Der Film beeindruckte mich so sehr, dass ich mich entschloss, das Beispiel aus dem Film mit den " Wunschtafeln" auszuprobieren. Ich bastelte mir eine Wunschtafel, wie ich das im Film "Sekret" gesehen hatte. Ich schrieb alle Wünsche auf die Tafel und fügte passende Bilder mit meinen Wünschen dazu: ein großes Haus, viele Reisen, ein Auto, und alles was in diesem Moment für mich relevant war.

Jetzt will ich meine Lebenssituation in dieser Zeit beschreiben. Ich hatte schon acht Jahre in Deutschland gewohnt, hatte Kinder und einen ganz lieben Mann (welchen sie schon aus meiner Bulgarien Geschichte kennen). Ich war auf der Suche nach meinem Lebensweg und als Diplomingenieur wollte ich wieder ins Berufsleben einsteigen. Mein Diplom wurde in Deutschland anerkannt und ich bekam eine Weitebildung zum Netzwerkadministrator mit Microsoft-Zertifizierung. Diese Ausbildung musste im Oktober stattfinden und es gab sie in unserer Umgebung nur in meinem Wohnort Suhl und in Ilmenau, ca. 30 km entfernt.
Aus logischen Überlegungen wollte ich die Ausbildung in Suhl machen. Eine Nacht vor dem Start hatte ich einen Traum. Ich träumte wieder von Moskau, von meinem alten Boss, mit welchem ich in den Jahren vor meinem Umzug nach Deutschland gearbeitet hatte, und der ein Jahre später (nach meiner Heirat und meinem Umzug) ganz plötzlich an einem Herzinfarkt gestorben war. Wir waren nicht nur Arbeitskollegen, sondern er war auch mein bester Freund. Nach seinem Tod hatte ich ihn manchmal in Träumen gesehen, aber nur dann, wenn ich vor wichtigen Entscheidungen in meinem Leben stand. Er hatte mich in Träumen immer beraten, wenn ich Zweifel hatte.
In dieser Nacht träumte ich, dass ich an einer Bushaltestelle stand. Plötzlich bremste vor mir eine Limousine und mein Boss saß in

dem Auto auf dem Beifahrersitz. „Aleksandr!" rief ich ihn an. Er
öffnete das Fenster, aber stieg nicht aus. Er schaute mich ganz
abweisend an. „Ich brauche deinen Rat unbedingt", sagte ich.
„Was willst du?" fragte er emotionslos. „Ich möchte etwas in
meinem Leben verändern, aber ich weiß noch nicht wie" sagte ich.
Er schaute mich an und sagte „Willst du Veränderungen? dann
besuche den Kurs in Ilmenau". Das Fenster ging zu und das Auto
fuhr los. „Warte, warte noch, warum in Ilmenau, das ist doch 30 km
von hier entfernt, wie soll ich dahinkommen, ich habe doch kein
Auto?" Aber er war schon weg. Plötzlich wurde ich munter. Es war
vier Uhr morgens. Ich saß auf meinem Bett und konnte nicht mehr
schlafen. „Warum Ilmenau - was kann dort anders als hier sein?"
Ich wusste aber eines: alles was Aleksandr mir bis jetzt gesagt
hatte, hatte mir immer geholfen. Ich musste auf ihn hören, er
wünschte mir nur Gutes, dachte ich. Am nächsten Tag entschied
ich mich für Ilmenau. Ich wusste immer noch nicht, wie ich dorthin
fahren würde. Natürlich gab es einen Bus, aber der fährt über alle
Dörfer, und das dauert ein und eine halbe Stunde bis ich das Ziel
erreichen würde. Meine Kinder waren damals noch klein. Ich
schuldete meinen Schwiegereltern, Margret und Harry Trautmann
großen Dank, dass sie sich tagsüber um meine Kinder gekümmert
haben. Ohne diese Hilfe hätte ich alles nie schaffen können.
Ich ging zum meiner Wunschtafel und klebte ein Auto mit Fahrer
und meinem Bild hinein, und schrieb „Von Suhl nach Ilmenau "
darauf.
Ein Tag vor dem Anfang der Weiterbildung rief mich die Sekretärin
aus Ilmenau an wegen irgendwelcher Formalitäten. Ich fragte sie,
ob noch jemand aus Suhl in meiner Gruppe sein würde. Sie
schaute in die Teilnehmerliste und sagte, dass sich gerade noch
zwei Leute angemeldet hätten. Ich fragte sie nach deren
Telefonnummer. Es waren zwei Männer, ein jüngerer und einen
älterer, und wie es sich ergeben hatte, der ältere Herr hatte ein
Auto, in genau der gleichen Farbe, wie auf meiner  Wunschtafel
abgebildet, und er wohnte eine Straße weiter als ich, und für ihn
war es kein Umweg mich mitzunehmen. So hatte sich eine Dreier-
Fahrgemeinschaft gebildet.
Diese Weiterbildung dauerte ein Jahr und war sehr schwierig.

In dieser Zeit hatte ich die deutsche Sprache so weit gelernt, dass ich frei sprechen konnte, aber für komplizierte technische Sachen war meinen Wortschatz noch nicht gut genug. Natürlich hatte ich die "Prüfung zum Netzwerkadministrator" in die Mitte meiner Wunschtafel geschrieben, aber mein Wissensstand war davon noch weit entfernt.

In unserer Gruppe waren vierundzwanzig Teilnehmer, davon nur zwei Frauen (mit mir zusammen). „Oh Gott", dachte ich bereits nach vier Tagen, „wie soll ich das alles schaffen?".

Ich saß mit einem älteren Herrn auf der linken Seite, rechts hatte ich keinen Nachbarn. Ich versuchte zu verstehen, was der Lehrer erzählte, aber der sprach sehr schnell, und man musste sofort mitmachen. Ich fragte ab und zu meinen linken Nachbarn, aber er war auch nicht besser als ich und konnte mir nicht helfen.

„Wie schön wäre es, wenn ich rechts einen schlauen Nachbarn bekäme, der mir helfen könnte", dachte ich. Am späten Abend klebte ich auf meine "Wunschtafel" einen Zettel mit dem Satz: „Ich bekomme  bei meiner Weiterbildung einen klugen Nachbarn auf die rechte Seite, der mir helfen kann". Am nächsten Tag saß ich wieder an meinem Platz und schaute nach rechts. Der Platz war immer noch leer. „Das ist alles nur Quatsch, das mit der Wunschtafel" dachte ich, und „das war nur ein Zufall mit der Mitfahrgelegenheit nach Ilmenau". Um zwölf Uhr, kurz vor der Mittagspause ging plötzlich die Tür auf und in unser Zimmer kam die Sekretärin mit einem fremden Mann. Sie sagte, das ist unser neuer Teilnehmer. Wir hatten noch drei freie Plätze. „Herr Doktor? Wohin möchten sie sich setzen" fragte die Sekretärin. Ich schaute mir den Mann an und dachte „das ist mein Nachbar von rechts, den ich mir auf meiner Wunschtafel bestellt habe". Unsere Blicke trafen sich und der Herr Doktor sagte: „Ich setze mich lieber zum Fenster", das hieß mit anderen Worten, rechts neben mich. „So ein Glück!" dachte ich „Ein Doktor ist bestimmt klug, und er wird sicher die Zeit haben mir zu helfen". Meine Freude war so groß. „Meine "Wunschtafel" hat nicht versagt, es funktioniert!!!" dachte ich.

Der Herr Doktor war wirklich sehr klug, er schaffte es, die Aufgaben so schnell zu lösen, dass er noch die Zeit hatte, sich mit mir zu unterhalten und meine Fragen zu beantworten. So verging das ganze Jahr. Mit Hilfe meines rechten Nachbarn hatte ich geschafft, mich auf die Prüfung gut vorzubereiten. In dieser Zeit waren der Herr Doktor und ich gute Freunde geworden. In den Mittagspausen, gingen wir in die Kantine und unterhielten uns über alles Mögliche. Er erzählte mir von seinen Reisen nach Thailand, dass er ein Taucher sei und leidenschaftlich die schwarzen Ski-Pisten vom Pitztal fährt, und er zeigte mir viele Fotos von der Unterwasserwelt. Kurz vor den Prüfungen mussten wir am PC eine Arbeit schreiben, aber plötzlich ging meine PC-Maus nicht. Ich fragte den Herrn Doktor, ob er mir helfen könne. Er versuchte meine Maus zu aktivieren und berührte plötzlich mit seiner Hand meine Hand.

In diesem Moment hatte ich ein Gefühl, als ob ich einen elektrischen Schlag bekommen hätte. Vor meinen Augen sind Sterne erschienen und ich hörte wieder die Stimme von meinem verstorbenen Boss „Nimm die Ausbildung in Ilmenau". So etwas war mir noch nicht passiert... Ich hatte über solche Sachen in Liebesbüchern gelesen, aber es nur für Unsinn gehalten. „Das konnte nicht sein", dachte ich, und versuchte absichtlich noch einmal die Hand von Herrn Doktor zu berühren. Und wieder bekam ich eine Gänsehaut an meinem ganzen Körper. „Was ist mit dir los?" fragte ich mich. „Bist du noch normal? Geht's dir gut? Du hast eine gute Familie, Kinder, einen liebevollen Mann, was willst du noch? Wozu ist das Ganze? Lass die Finger davon... und er ist seit Jahren glücklich verheiratet. Ich muss sofort das alles vergessen" dachte ich.

Am nächsten Tag bekam ich Fieber und musste zuhause bleiben. Das war mir ganz recht und ich hatte mich entschieden um den Herrn Doktor in Zukunft „einen großen Bogen" zu machen.

Einen Monat später bekam ich ein E-mail von meinem Herrn Doktor. Er schrieb, dass er mit seiner Familie einen Safariurlaub in Kenia gemacht hatte und schickte mir die Fotos von Leoparden und Löwen. Er schrieb weiter, dass wir uns nicht verabschieden konnten wegen meiner Krankheit und das wolle er gerne nachholen. Mein Herz fing sehr stark zu klopfen an. Ich wollte es nicht glauben, aber ich hatte das Gefühl, dass das Leben so schön sein kann. Ich war in den Herrn Doktor total verliebt.

Wir haben uns getroffen, und dann noch einmal, und das ging immer so weiter und wir haben die Realität verloren. Wir waren total verliebt ineinander, so dass die Situation außer Kontrolle geriet.

Eines Tages bekam er eine neue Arbeitsstelle im Westen von Deutschland. Er musste die Woche über in der anderen Stadt arbeiten und am Wochenende zu seiner Familie fahren. Wir fühlten beide, dass es so nicht mehr weiter gehen konnte und wir der Realität mit offenen Augen entgegensehen mussten. Dann kam unser letztes Treffen, wir saßen in seinem Auto. Ich wusste, dass ich jetzt meinen Rucksack nehmen werde und gehe - wahrscheinlich für immer. „Wie schön das sein könnte, wenn wir zusammen sein könnten", kam ein plötzlicher Gedanke in meinen Kopf. „Liebes Universum, du kannst alles machen", dachte ich und ich habe gebetet, dass wenn Herr Doktor mein Schicksal sein solle, dann müsse jetzt ein Wunder geschehen, welches diese Situation verändern könnte. Wir schauten uns in die Augen und die Zeit blieb wieder stehen. Auf einmal klingelte sein Handy, aber er sah die

Nummer seiner Frau und ging nicht daran. „Was würdest Du machen, wenn es jetzt an meinem Handy klingeln wird?" fragte ich ihn plötzlich. Er schaute mich an und sagte, dass er seiner Frau dann sagen wird, dass er mit mir zusammen ist. Auf einmal klingelte mein Handy, die Nummer war unterdrückt, ich ging dran, und es war tatsächlich seine Frau. Sie fragte, ob ihr Mann nicht zufällig bei mir sei? Das war sechzehn Uhr nachmittags, und es gab überhabt keinen Grund für sie nach ihrem Mann zu suchen. Ich holte tief Luft und wollte sagen, dass ich keine Ahnung hätte, aber Herr Doktor riss mir das Handy aus der Hand und sagte seiner Frau, dass er bei mir sei, und dass er gleich nach Hause kommen und ihr alles erklären würde. An diesem Tag zog Herr Doktor von seinem bisherigen Zuhause für immer weg, mit seinen gepackten Koffern, vorübergehend in ein Hotel, welches sich nicht weit von seiner neuen Arbeitsstelle befand.

Nach einem Jahr ließ er sich scheiden und wartete auf mich. Aber ich lebte weiter mit meiner Familie zusammen und traute mich nicht eine Entscheidung zu treffen. Ich wollte keine Verantwortung übernehmen, ich wusste nicht wie es weitergehen sollte. Ich liebte ihn mit meinen ganzen Herzen, aber ich hatte auch derzeit einen sehr guten Mann, der mich über alles liebte und meine Kinder, die ich auch sehr liebte. So vergingen vier Jahre. Wir versuchten miteinander Schluss zu machen, und dann hat alles wieder von vorne angefangen. Eines Tages traf Herr Doktor eine Entscheidung. Sein Boss wollte ihn für fünf Jahren nach Canada schicken, seine Antwort musste er in drei Tagen geben. Er sagte mir, wenn ich nicht die Scheidung in drei Tagen einreichen würde, dann führe er nach Canada und ich würde ihn nicht wieder sehen. Ich wusste, dass er das ernst meinte. Am letzten Tag bin ich zum Rechtsanwalt gegangen und habe die Scheidung eingereicht. Herr Doktor hat seine Reise abgesagt und wieder seine Arbeitsstelle gewechselt. Ein Jahr später haben wir geheiratet und sind zusammen gezogen. Ich bin sehr glücklich mit meinem Herrn Doktor, obwohl, wie bei allen Beziehungen, gibt es auch bei uns Höhen und Tiefen.

Umso mehr sich ein Mensch entwickelt, umso komplizierter wird das Muster, aber dafür wird es nie langweilig.

Ich wollte nur sagen: man sucht, man trifft, man verliert, man findet, das sind alles Lebenserfahrungen und Lernprozesse, welche die Reifung der Seele hervorbringt. Man kann natürlich fragen, ob ich nachgedacht hatte, wie es den anderen Mitbeteiligten in dieser Geschichte gegangen war. Ich meine damit: meinem Ex-Mann und seiner Ex-Frau.

Man kann Beziehungen nicht kaputt machen, es sei denn, die Beziehungen waren schon kaputt. Wir hatten das nur noch nicht gemerkt, oder vielleicht wollten wir es nicht merken, das was danach passierte war nur die Folge davon. In einer Beziehung tragen die beiden Partner Verantwortung, manchmal vergisst man, dass eine Beziehung harte Arbeit und ein Entwicklungsprozess für beide Partner ist. Man entfernt sich von einander und lebt einfach weiter, jeder in seiner eigenen Welt, aber man will seine Bequemlichkeit nicht aufgeben, man hat Ängste vor der Zukunft. Aber man muss immer bei sich selbst suchen. „Warum?", das Leben ist ein Lernprozess und wir sind alle mitbeteiligt. Wenn die Liebe vergeht, muss man gehen, aber das ist ein großer Schritt, die Verantwortung zu übernehmen, das können die wenigsten

Menschen. Ich konnte das damals zunächst auch nicht. Liebe ist das Wichtigste was wir Menschen haben, warum wir auf diese Erde kommen. Deshalb möchte ich jetzt über die Liebe reden.

Lassen Sie uns über die Werte reden, die den meisten Menschen am wichtigsten sind. Wenn man die Frage stellt: „Was ist für Sie das Wichtigste im Leben?" antworten die Leute beispielsweise: „mein Mann", „Kinder", „meine Mutter", … und fast nie werden Sie die Antwort hören, die wirklich wichtig für die Bestimmung des Lebenssinns ist, nämlich: „Der Mensch, den ich am meisten liebe, das bin ich!"

Viele Leute haben Angst über Eigenliebe zu sprechen – sie haben Angst als egoistisch zu gelten. Aber Gesundheit, Liebe und Entwicklung sind vollständig abhängig von Selbstliebe! Denn wie wären wir in der Lage Liebe nach außen zu geben, wenn wir nicht mit der Liebe zu uns selbst angefüllt wären? Dabei ist doch die Liebe zwischen Mann und Frau das Wertvollste, was es im Universum gibt!

Der zweite wichtige Wert (für die Liebe) ist das Beziehungsumfeld bzw. der Raum den sich ein Mann und eine Frau für das gemeinsame Leben schaffen. Es handelt sich hierbei um komplexe psychologische, soziale und wirtschaftliche Voraussetzungen, die notwendig sind um eine Familie zu gründen. Dieser geschützte Raum ist Basis für unser Zusammenleben, denn wir kommen in unser Leben um es zu genießen. Es gibt viele Menschen die einsam leben, und wenn man die fragt, sagen sie, dass sie gerne jemanden haben wollen. Dann frage ich, ob sie denn Raum für einen möglichen Partner frei haben? Beispielsweise lebt meine gute Freundin seit vielen Jahren alleine in ihrem großen Haus. Sie hat eine sehr gute Arbeit, verdient viel Geld, sie ist intelligent, hübsch, hat zwei erwachsene Kinder, die in eine andere Stadt gezogen sind. Vor vielen Jahren ist ihr Mann weg gegangen, aber sie hat immer noch in ihrem Kleiderschrank seine Sachen liegen, sie hat noch das Ehebett stehen - die Zeit ist in ihrem Haus stehen geblieben. Sie hat sich inzwischen einen kleinen Hund gekauft und sagt, dass sie glücklich lebt…

Wenn Sie sich selbst in diesem Bild erkennen, dann ist es Zeit, etwas zu verändern! Schmeißen Sie alles weg, was sie an das frühere Leben erinnert. Denn wie kann in einem solchen Leben Raum für einen neuen Partner sein? Darin gibt es keinen Platz.

Verzeihen Sie ihrem weg gegangenen Partner und wünschen Sie ihm viel Glück. Schauen Sie sich im Spiegel an, sagen Sie sich, - mindestens drei Mal am Tag - dass Sie sich lieben, dass Sie einen Partner verdienen der zu Ihnen passt. Beten Sie, und Sie werden gehört. Denken Sie positiv, denn die Energie, die Sie ins Universum schicken, die bekommen Sie zurück. Seien Sie realistisch und nicht zu kritisch. Es gibt viele Frauen, die immer von „Prinzen mit goldener Krone" träumen, aber dabei vergessen sie, mit fünfzig, sechzig Jahren in den Spiegel zu schauen. Solche Menschen leben in ihrer Fantasiewelt und verpassen die Realität.

Leben Sie im Heute und Jetzt. Genießen Sie jeden Tag so, als ob er ihr letzter sein könnte. Dass sollte unser größtes Ziel sein: Wir sollen lernen unser Leben zu genießen!!!

Die wichtigsten Erfahrungen der Seele auf der Erde können nur in den Beziehungen zwischen Männern und Frauen entstehen, bzw. gesammelt werden.
Oft fragen Menschen: „Ist es überhaupt möglich, sich ein Leben lang zu lieben?" „Passiert es nicht vielmehr, dass die Liebe zueinander erkaltet?" Bevor Sie diese Fragen schlüssig beantworten können, denken Sie daran, dass Sie eine Schuld für das Auseinandertriften von Beziehungen zunächst immer bei sich selbst suchen müssen.
Meine Aussage lautet: Jeder Mensch zieht immer den Partner an, den er verdient hat!

Bitte wundern Sie sich über diese These nicht – es ist einfach so!

Eine Partnerbeziehung hängt immer von der Frequenz ab, die Sie ausstrahlen und dabei können nur Sie sich verändern, nicht Ihr

19

Partner! Wenn Sie sich entwickeln, entwickelt sich auch Ihr Umfeld und diese Veränderung wird ebenso für Ihren Partner passieren. Entweder er wird sich zusammen mit Ihnen entwickeln oder er bleibt stehen – dann werden Sie sich einen neuen Partner suchen (müssen).

Man darf in jeder Beziehung das eigene „ICH" nicht verlieren und sich vom Partner abhängig machen (lassen). Man muss in einer Partnerschaft nicht auf eigene Interessen verzichten und mit dem anderen Menschen verschmelzen – entscheidend ist, lassen Sie sich freien Raum und finden Sie Ihre goldene Mitte!

Ein Spruch lautet: „Erfahrungsgemäß ist jeder nächste Partner schlimmer als der Vorgänger!" und das stimmt meistens auch.

Je älter wir werden, je höher unsere Ansprüche werden und je mehr wir an unseren Lebensmustern festhalten desto schwieriger wird es, mit einem Fremden unter einem Dach zu leben.

Ich bin zu dem Ergebnis gekommen, dass wenn Paare viele Jahre glücklich zusammen leben, sie sich entweder gemeinsam parallel entwickelt haben oder gemeinsam auf einem Level stehen geblieben sind. Aber das Leben ist Bewegung!

Schauen Sie sich Prominente an. Die wechseln öfter und schneller ihre Beziehungen als normale Menschen. Natürlich können sich das Prominente eher leisten als die „normalen" Menschen, die nur einen normalen Job haben, mittelmäßig verdienen und dabei vielleicht noch Kinder großziehen müssen. Die ständige geistige und körperliche Weiterentwicklung ist die Grundlage für eine glückliche Beziehung.

Der dritte Wert der Liebe ist die Liebe zu Kindern. Leider setzen viele Menschen, insbesondere Frauen, die Liebe zu ihren Kindern auf eine höhere Position – manche sogar an die erste Stelle. Wir wurden meistens so erzogen, dass wir Kinder für das Wichtigste im Leben halten und dass Kinder alles bekommen sollen was ihnen ihre Eltern geben können. Manche Eltern sparen an sich, und besonders alleinerziehende Mütter versuchen ihren Kindern alles zu ermöglichen. Sie verzichten zugunsten ihrer Kinder auf ihre persönlichen Wünsche und manchmal sogar auf ihr privates eigenes Leben.

Von einer Patientin, die ihren Sohn alleine erzieht, habe ich oft gehört: sie könne ihrem Kind alles geben und sie brauche dazu keinen Mann, denn sie verdiene genug Geld um ihrem Kind all das zu geben, was es benötigt. Sie war übrigens bei mir wegen dieses Kindes, das eine Brille trug und schlecht hören konnte. Der Vater hatte die Familie wegen einer anderen Frau verlassen als der Sohn drei Jahre alt war. Die Mutter hatte die Verbindung damals abgebrochen und konnte ihrem Mann nicht verzeihen … Der Junge hat sehr unter der Trennung der Eltern gelitten, aber seiner Mutter davon nichts erzählt, denn er wollte ihr nicht noch mehr wehtun.

Wenn Kinder eine Brille tragen, frage ich immer was sie nicht sehen wollen? Wenn ein Kind schlecht hört, frage ich: „Was willst du nicht hören?"

Falls Sie Ihren Kindern das Beste geben möchten, dann schaffen Sie eine Familie, in der Mann und Frau in Liebe und Harmonie miteinander leben. Und ich meine damit wirklich: in Liebe, nicht in einer „Muss-Beziehung" aus finanziellen oder anderen Gründen. Schauen Sie sich Ihre Kinder an, bzw. die Kinder der Nachbarn … Sind sie gesund? Tragen sie Brillen? Sind sie gut in der Schule? – Wenn nicht , warum? Nach meiner Meinung liegt der Grund für Probleme immer in der Familie.

Natürlich spielt es eine große Rolle wie die Zeugung des Kindes gewesen ist. War es ein Wunschkind oder ein „Betriebsunfall"? Es ist wissenschaftlich erwiesen, dass die Kinder, die erwünscht waren und wo die Beziehung zwischen den Eltern von einer großen Liebe geprägt war, bessere Lebensperspektiven, eine hübscheres Aussehen, eine stärkere Gesundheit und größere Talente haben als „Zufallskinder".

Unser Aussehen wird uns bei der Geburt gegeben nach dem Prinzip: was wir in vergangenen Leben geleistet hatten und wie weit wir uns entwickelt hatten – es gibt nicht umsonst den Ausdruck „Gesichtskontrolle" ...
Ich könnte mir denken, dass mir viele Menschen in dieser Ansicht nicht glauben werden, aber das Gesagte habe ich nicht selbst erfunden, das sind die Gesetze des Universums, die von allen Heiligen gekannt werden.

Nach meiner Erfahrung ist eine der wirksamsten Methoden die Familien-Aufstellung nach Bert Hellinger. Ich hatte diese Methode vor vielen Jahren kennen gelernt und fand sie sehr interessant und hilfreich. Aber wirklich kann ich diese Methode selber praktizieren, seit ich mit Corina Wohlfeil-Großer zusammen arbeite. Corina ist u.a. Diplom-Pharmazeutin und Heilpraktikerin. Sie hat das Familien-Aufstellen direkt bei Bert Hellinger gelernt und hilft Menschen seit zehn Jahren damit ihre Probleme zu lösen. Beim Familienstellen stehen familiäre Themen im Mittelpunkt, wie z.B. Paarbeziehungen, Partnersuche, Probleme der Kinder, schwere Schicksale in der Herkunftsfamilie ... Auch bei Gesundheitsproblemen ist es möglich, einen Blick auf den Hintergrund von Symptomen zu werfen. Durch die Integration der bis dahin verdeckten und ans Licht gebrachten Aspekte können sich körperliche Beschwerden bessern oder ganz verschwinden. Die Familien-Aufstellung nach Bert Hellinger bietet die Möglichkeit, das Familien- und Systemstellen in seinen klassischen und neuen Dimensionen wirklich zu verstehen und es verantwortungsvoll im Bereich: Beziehung, Gesundheit und Organisation anzuwenden.

Der vierte Wert der Liebe ist die Liebe zu den Eltern, die Liebe zu Ihren Wurzeln. Leider gibt es viele Menschen die seit Jahren keinen Kontakt mehr zu ihren Eltern haben, z.B. wegen eines Streits oder einer Auseinandersetzung. Diese Menschen versuchen oft ihre Eltern zu beschuldigen und sagen, dass sie niemals so werden wollen wie die eigenen Eltern.
Ich stelle solchen Leuten immer eine Frage. „Was würden Sie machen wenn Sie wüssten, dass ihre Eltern morgen sterben

werden? Würden Sie auch in diesem Fall heute mit ihnen keinen Kontakt aufnehmen?"
In den meisten Fällen sagen dann die Menschen, nach kurzer Überlegung, wahrscheinlich – „Doch, das würde ich dann".
Daraufhin frage ich: „Warum machen Sie das nicht heute? Sie können doch nicht wissen, ob es morgen vielleicht schon zu spät sein kann…"
"

Sie können im Leben keinen Erfolg und kein Glück haben, wenn Sie sich bewusst von den eigenen Wurzeln abgeschnitten haben! Das ist Energie, die jeder Mensch braucht!

Der fünfte Wert der Liebe ist die Arbeit. Es gibt viele Menschen, welche die Arbeit an die erste Stelle setzen und wie Maschinen arbeiten. Das heißt, sie setzen die Arbeit an die Position der Bereiche, die für die Liebe oder Kinder geplant war. Aber dann nimmt den Raum der Liebe alles andere ein, wie z.B. Freunde, Hobbies, soziale und religiöse Interessen, Tierliebe …
Ich verstehe, dass die vorgeschlagene Wert-Ordnung der Liebe für Sie eine Offenbarung sein kann. Aber Sie sollten sie nicht ablehnen. Analysieren Sie sie, fühlen und beurteilen Sie sich selbst und Sie werden dem Wertesystem zustimmen. Wenn Sie die Ordnung bei sich haben wollen, dann benutzen Sie diese Struktur – nach der Umsetzung dieser Struktur können Sie eine Menge!

**Was ist wichtig?**

Was ist wichtig für eine Person, die ihre Fähigkeiten entwickeln will?
Das erste ist natürlich Gesundheit. Wenn jemand in einem schlechten Gesundheitszustand ist, wird er nicht in der Lage sein sich weiter zu entwickeln. Nur ein Mensch mit einem gesunden Körper ist in der Lage, seinen Geist und seine Seele zu heilen.
Jeder Mensch kann, wenn er Willensstärke zeigt, seine Gesundheit wieder in den ursprünglichen Zustand bringen. Wir alle sind dazu fähig!

Beginnen wir mit der Morgengymnastik, mit den Wahrheiten, die wir in der Schule gehört haben: *„Übung macht den Meister"* Viele sagen: „Ich habe keine Zeit dafür! Ich bin bereits um 6:00 Uhr in der Früh aufgestanden, habe die Kinder in den Kindergarten gebracht, den ganzen Tag gearbeitet, auf dem Heimweg noch eingekauft, die Kinder abgeholt, bin nach Hause geeilt um das Abendessen zu kochen und die Familie zu versorgen …" Sie sagen, dass sie keine Kraft mehr haben um über anderes nachzudenken und am Abend sind sie einfach nur froh, dass sie ihr Bett erreicht haben.

Ich sage Ihnen: „Das ist alles nur Ausrede!" Sie ergeben sich Ihren Schwächen. Wenn Sie in der Früh keine Zeit finden, dann nehmen Sie sich Zeit am Abend! Geben Sie Ihrem Körper eine halbe Stunde und bald werden Sie das Ergebnis sehen! Es spielt keine Rolle ob Sie joggen, sonst Sport treiben oder einfach nur zu Hause zu Ihrer Lieblingsmusik tanzen … Es ist wichtig, dass Sie Ihren Körper täglich „aufladen" und Ihre Muskeln nutzen. Forscher folgern: eine halbe Stunde Muskelarbeit am Tag beeinflusst nicht nur Ihre Körper-Form sondern verhindert auch das Altern und verbessert die Laune! Ich habe ein Lieblingsvideo mit den gymnastischen Übungen, die ich in den letzten Jahren vielmals turne.

Große Unterstützung lieferte mir das Buch des berühmten Arztes und Wissenschaftlers Paul Bragg. Ein erstaunlicher Mann, der der Welt die Chance zeigte, wie man gesund bleibt  und sich jung fühlen kann. Dieser Mann starb im Alter von 96 Jahren, als er auf einem Surfbrett ritt. In seinen Büchern zeigt er den Lesern die Möglichkeit, den Schlüssel zu Gesundheit, Harmonie und Wohlstand zu finden. Wegen seiner Methoden wurde Paul Bragg einer der bekanntesten Experten auf dem Gebiet der Heilung und der Lebensverlängerung.  In seinen Büchern stellt er fest, dass die Bedingungen für den Erhalt der ewigen Gesundheit sind: frische Luft, gesunde Ernährung, Wanderungen, natürliches Essen, Fasten und Meditation.
Über all diese Themen können Sie in seinen Büchern lesen – ich empfehle sie alle!

***Die Liebe erhöht unsere Frequenz!***

"Warum ausgerechnet die Liebe?" werden Sie fragen. Ganz einfach: wenn wir unseren Wünschen folgen, dann gibt es keinen Menschen, der sich in seinem Leben die Liebe nicht wünschen wird. Ganz egal, ob es die Liebe zu seinen Eltern, zum Partner, zu Kindern, zu Freunden, zu Gott oder der Natur betrifft.
Die Liebe regiert die Welt. Alle Menschen haben Sehnsucht nach der Liebe.
Warum beten die Menschen zu Gott? Meistens ist der Grund dafür, dass sie die Unterstützung bei ihren Problemen suchen. Sie sagen „Lieber Gott, bitte gib mir Gesundheit, Glück, Liebe, Reichtum, …" und sie haben zusätzlich viele andere Bitten.

Warum werden einige Menschen erhört und andere nicht?
Nur die Menschen werden erhört, die sich wie ein Teil von Gott fühlen; die in ihren Herzen die Erde und den Himmel und alles, was Gott erschaffen hat lieben; die allen anderen das wünschen, was sie sich selber wünschen; die das Leben als größtes Geschenk des Universums betrachten und eine Möglichkeit sehen, den eigenen Geist zu erweitern – all diese Menschen werden erhört!
Dabei ist es nicht so wichtig, ob sie die kanonischen Gebete sagen oder eigene. Aber sie müssen so beten, dass sie mit ihren Gedanken, Worten und Emotionen solche Energiefelder erzeugen, dass sie mit mehreren Frequenzen des Universums in Einklang kommen.

Beim Beten werden unser Geist, die Seele und der Körper geheilt, wir werden reiner, heller, unsere Energie-Frequenzen erhöhen sich. Dabei werden alle Gebete aus Dankbarkeit immer von Gott gehört. Bedanken Sie sich bei Gott dafür, dass sie heute aufgewacht sind, dass Sie sich auf den neuen Tag freuen konnten, dass Sie gesund sind, und bedanken Sie sich für alles, was sie heute erlebt haben.

## Auf welcher Frequenz befinden Sie sich gerade?

Je höher die Frequenz einer Schwingung ist, desto komplexer sind die Muster. Wenige von uns wissen, dass verschiedene Zustände folgende unterschiedliche Frequenzen haben:

| | |
|---|---|
| *Angst* | von 0,2 bis 2,2 Hz; |
| *Straftat* | von 0,6 bis 3,3 Hz; |
| *Reizung* | von 0,9 bis 3,8 Hz; |
| *Temperament* | - 0,9 Hz; |
| *Ausbrüche* | - 0,5 Hz; |
| *Wut* | - 1,4 Hz; |
| *Stolz* | - 0,8 Hz; |
| *Stolz* (Größenwahn) | - 3,1 Hz; |
| *Vernachlässigung* | - 1,5 Hz; |
| *Überlegenheit* | - 1,9 Hz, |
| *Großzügigkeit* | - 95 Hz; |
| *(Vibrationen) Dankbarkeit* | - 45 Hz; |
| *Herzlicher Dank* | - 140 Hz und höher; |
| *Einheit und Gemeinschaft mit anderen Menschen* | |
| | - 144 Hz und höher |
| *Mitgefühl* | - 150 Hz und höher; |
| *Liebe (die ein Mensch allen Menschen und allen Lebewesen gegenüber empfindet)* | |
| | - 150 Hz und höher; |
| *bedingungslose Liebe* | - 205 Hz und höher; |

Seit Jahrtausenden beträgt die Schwingungsfrequenz unseres Planeten **7,6 Hz**.
Physiker nennen sie die „Frequenz des Geräuschs".
Wissenschaftler beziehen oft auf sie ihre Instrumente.
Die Menschen fühlen sich in diesen Bedingungen komfortabel, weil diese Frequenz der Schwingung ihres Energiefeldes entspricht, und dieselben Merkmale hat: nämlich **von 7,6 bis 7,8 Hz**.
Im Dezember 2012 hat sich die Schwingung unseres Planeten um **40 Hz** erhöht!

Denken Sie einmal darüber nach, wie hoch sind Ihre eigenen Schwingungen?

## Heilende Wirkung von Musik

Heilige wissen seit tausenden von Jahren um die Wirkung der Musik auf den menschlichen Körper. Der Schriftsteller Jonathan Goldmann hat in seinem Buch „Heilende Klänge" die heilende Wirkung der Musik auf Menschen beschrieben. Er meint, dass dann Heilung geschieht, wenn Körper, Geist und Seele in allgemeiner Harmonie verschmelzen. Musik-Therapie-Heilung beruht auf dem Prinzip der Resonanz.

Jedes Organ hat eine Resonanzfrequenz, in der es vibriert. Wenn diese Frequenz geändert wird, gerät der Körper aus der harmonischen Schwingung und das Ergebnis ist Krankheit. Die Krankheit kann durch die Wiederherstellung der natürlichen Frequenz des ganzen Körpers wieder geheilt werden. In den meisten Fällen kann das - durch Einflussnahme auf die Chakren - beim Singen von Mantren oder auch beim Singen harmonischer Klänge geschehen.

Karlheinz Stockhausen, der deutsche Komponist und Hellseher war der erste, der Oberton-Musikstücke für Sänger geschrieben hat mit dem Namen „Stimmung". Diese Musikstücke kann ich sehr für Chakren-Balancen empfehlen!

Beim Oberton-Singen muss man eine unglaubliche Konzentration aufbringen. Dabei fangen Bereiche des Gehirns zu arbeiten an, die bisher geruht haben. Dieser Gesang hat nicht nur Auswirkungen auf die Schädelknochen und das Gehirn, sondern er reguliert auch den Atemrhythmus und die Zirkulation von Liquor. (Den Liquor kann man als analog der Kundalini-Energie bezeichnen).

Offensichtlich hat die Zirkulation des Liquors einen Einfluss auf die Gesundheit und auf die Vitalität des ganzen Körpers. Forscher behaupten, dass das Vokal-Singen eine neue Verbindung zwischen der Struktur der Gehirnzellen schafft: die Entstehung neuer Synapsen – bei verlorenen motorischen Fähigkeiten regt harmonischer Gesang die Zirbeldrüse an. Es gibt auch die Meinung, dass die Stimulation der Zirbeldrüse durch stimmliche Harmonien aktiviert wird und zur Lumineszenz der Aura führt.

Jonathan Goldman beschreibt in seinem Buch „7 Geheimnisse der Klangheilung, die therapeutische Wirkung von Klang auf Körper, Geist und Seele" (Originaltitel: The 7 Secrets of Sound Healing) Übungen für jedes Chakra (von unten nach oben) die zur Resonanz in den Chakren führen. Wer sich besonders für dieses Thema interessiert, dem sei das Buch empfohlen.

Die gleichen Übungen hatte ich auch bei der Ausbildung bei den Deeksha-Gebern (Indische Tradition) gelernt.

Für jedes Chakra wird ein Vokal siebenmal gesungen:
      für das 1. Chakra – Vokal „A"
      für das 2. Chakra – Vokal „U"
      für das 3. Chakra – Vokal „O"
      für das 4. Chakra – Vokal „AH"
      für das 5. Chakra – Vokal „AI"
      für das 6. Chakra – Vokal „ÄI"
      für das 7. Chakra – Vokal „I"

Von Chakra zu Chakra geht man mit der Stimme immer einen Ton höher. Dabei bedankt man sich beim Universum.

Die Wissenschaften haben festgestellt, dass Klassische Musik, z.B. von Bach, Mozart, Beethoven positiv auf den menschlichen Körper wirkt, aber unharmonische Musik, wie z.B. „Hard Rock" oder „Heavy Metall" unsere Frequenzen vermindert und uns krank macht.

Zu den Musikinstrumenten, die die besten heilenden Wirkungen haben, gehören die Geige, die Harfe, das Klavier und die Flöte, außerdem das Didgeridoo (ein schamanisches Instrument der australischen Ureinwohner, der Aborigines).

Einer von meinen Freunden ist Musiker und kann dieses Instrument spielen – er hat das bei den Aborigines in Nord-Australien gelernt.
Das Instrument sieht aus wie ein langes Rohr und gehört zu den ältesten Musikinstrumenten der Welt. Wenn man ein Didgeridoo hört, hat man das Gefühl der ganze Körper fängt an zu vibrieren. Ich habe gemerkt, wie sich dabei die Chakren aktivierten.

Heutzutage gibt es viele Bücher und Musiken mit denen man die eigene DNS aktivieren kann (Desoxyribonukleinsäure; kurz DNS, ist ein in allen Lebewesen vorkommendes Biomolekül und Träger der Erbinformation, also der Gene). Hilfreiche Bücher zu diesem Thema sind nach meiner Meinung „12 Fäden von DNS" von Ann Brewer und das Buch von Robert Gerard „Verändere deine DNS, verändere dein Leben". Es gibt auch eine Hör-CD von Roy Martina mit Meditationen zum Aktivieren der eigenen DNS.

Dieser Prozess wird Ihnen ermöglichen, Ihre Talente und schlafenden Fähigkeiten zu aktivieren und eine höhere Ebene Ihres Bewusstseins zu erreichen.


**Wir und unsere Kinder**

Achten Sie darauf welche Musik Ihre Kinder hören. Eltern bleiben immer das beste Beispiel für ihre Kinder und sie können nicht von den Kindern verlangen z.B. kein „Heavy Metall" zu hören, wenn sie selbst solche Musik anhören.
Wissenschaftliche Studien haben bewiesen, dass das meiste, was ein Kind in sein Leben einbringt, es aus seiner Familie mitnimmt. Den größten Einfluss auf alle Kinder haben die Eltern und nicht Freunde oder die Schule. Wenn Sie nach dem Aufstehen sofort den Fernseher einschalten und Sie ihn nebenbei bis zum Abend laufen lassen, können Sie sich nicht darüber beschweren dass Ihre Kinder schlechte Noten in der Schule haben. Wenn Sie selbst rauchen oder Alkohol trinken, können Sie nicht erwarten, dass Ihre Kinder diesem Weg nicht auch folgen werden. Wenn Ihre Kinder

ihre Freizeit vor dem Fernseher oder mit Computerspielen verbringen, können Sie davon ausgehen, dass die Kinder Aggressivität, Depressionen und schlechte Leistungen in ihrem Leben zeigen werden. Kinder sind unsere Spiegel. Sie zeigen uns immer genau das, wo wir unsere Probleme haben. Wenn Sie z.B. respektlos mit Ihren eigenen Eltern umgehen, dann seien Sie sicher, dass Ihre Kinder später genauso respektlos mit Ihnen umgehen werden. Versuchen Sie deshalb immer, ein positives Beispiel für Ihre Kinder zu sein.

Falls Sie (als Frau) Ihr Kind alleine erziehen, reden Sie nie schlecht über dessen Vater. In einer kaputten Beziehung tragen immer beide Partner einen Teil der Schuld. Verbieten Sie niemals Ihrem Kind den Kontakt mit dem anderen Elternteil (Ausnahme: nur in dem Fall, wenn dadurch Lebensgefahr für das Kind besteht).

Verraten Sie Ihre Kinder nie, egal was passiert. Kinder sollten immer das Gefühl haben, dass ihre Eltern hinter ihnen stehen. Wenn Kinder stark mit den eigenen Wurzeln verbunden sind, werden sie einen guten Start ins Leben haben.

Versuchen Sie Ihren Kindern immer Liebe zu geben – aber verlangen Sie nichts zurück. Versuchen Sie sich immer in die Lage der Kinder zu versetzen bevor Sie eine Beurteilung abgeben. Trösten Sie Ihre Kinder, und egal, welches Unglück passiert, machen Sie kein Drama daraus. Nehmen Sie sich Zeit für Ihre Kinder, tun Sie etwas gemeinsam. Spielen Sie mit ihnen und nehmen Sie die Kinder in Ihre innere Welt mit auf, unterhalten Sie sich. Akzeptieren Sie Ihre Kinder als Gleichberechtigte mit ihren Gefühlen und Meinungen, aber lassen Sie die Kinder nicht respektlos mit Ihnen umgehen.
Versuchen Sie Ihren Kindern klar zu machen, dass das Leben an sich ein Geschenk ist, das Gesundsein einen sehr großen Wert hat und man zu jedem Problem eine Lösung finden kann.

Sagen Sie Ihren Kindern oft, dass sie talentiert, klug, großartig sind, dass sie alles schaffen können ... und Ihre Kinder werden an sich selbst glauben und nach einer gewissen Zeit werden sie merken, dass das so ist! Fördern Sie die Talente Ihrer Kinder, fragen Sie sie nach den Wünschen und Zielen. Lassen Sie die Kinder nach ihren eigenen Interessen entscheiden, ob sie Musik, Sport, Tanzen oder etwas Kreatives machen möchten. Wenn Ihre Kinder groß werden, lassen Sie sie ihren eigenen Weg gehen, halten Sie sie nicht fest. Mischen Sie sich nie in das Leben eines erwachsenen Kindes ein. Respektieren Sie die Entscheidungen Ihrer Kinder.

Wenn Sie Ihre Kinder gut erzogen haben, werden diese den richtigen Partner suchen und finden und selbst eine glückliche Familie haben. Wenn das nicht der Fall ist, werden Sie sehen was Sie falsch gemacht haben. Soviel wie Sie in Ihre Kinder „investiert" haben, soviel bekommen Sie zurück.

## Yantras[1] und Mantras (auch möglich: Mantren)

Die Yantras haben ihre Wurzeln in der wedischen Kultur und waren anfangs nur in engen Kreisen der Heiligen bekannt. Sie wurden von Generation zu Generation weitergegeben. Die Konzentration auf Yantras ermöglicht es uns, unsere Grenzen des Bewusstseins zu verändern und zu erweitern. Die Heiligen benutzten Yantras um die positive Energie im Menschen zu aktivieren. Die Yantras konnten auch, wenn sie in Räumen auf gehängt wurden, das energetische Feld dieses Raumes verbessern. Zu den wichtigsten Yantras (in Indien) zählen die Sri-Yantras, welche für Reichtum und Wohlstand sorgten.

Wenn Sie zum Beispiel mit Yantras meditieren, sollten Sie das Yantra, auf Augenhöhe mit dem Gesicht in Richtung Osten hängen. Daraufhin konzentrieren Sie sich auf die Mitte des Yantras, sodass sie aber marginal immer noch das ganze Bild sehen. Diese Übung sollten Sie, im Normalfall, täglich mindestens fünfzehn Minuten machen. Nach einer Woche Übung probieren Sie, mit geschlossenen Augen aus der Erinnerung heraus auf ein Yantra zu meditieren. Nach einem gewissen Zeitraum werden Sie ein Gefühl bekommen, als ob sie inmitten des Yantras stehen. So verlieren sie ihre Dualität und bekommen das Gefühl, mit allem verbunden zu sein.

Yantras mit komplizierten Mustern nennen sich Mandalas. Mandalas werden meist in der Buddhistischen Tradition benutzt, um das kosmische Modell von Gott und dem Jenseits darzustellen. Mandalas haben heilende Wirkung auf die Menschen die damit meditieren. Ein Mandala stärkt das Nervensystem, befreit Personen von psychosomatischen Krankheiten, hilft uns bei der Selbstrealisierung und bringt uns somit zur Erleuchtung.

---

[1] **Yantras** (Sanskrit, n., यन्त्र, yantra, von *yam* stützen, (er)halten) sind rituelle Diagramme, die im Hinduismus und Tantrismus verbreitet sind, zur Meditation verwendet werden bzw. initiatorische Funktion erfüllen.

Es gibt auch zahlreiche Yantras, die auf bestimmte Situationen angewandt werden:

Sri Yantra - dieses Yantra führt zur Wunscherfüllung.

Bhuwaneswari Yantra - dieses Yantra erweitert das Bewusstsein  und öffnet das Wissen

Kubera Yantra - Es bringt Glück, Reichtum und Wohlstand.

Lakschmi Yantra - bringt Reichtum

Mantra zum Kubera:

„Om Yakshyaya Kuberaya Vaishravanaaya Dhanadhanyadi Padayeh
Dhana-Dhanya Samreeddhing Me Dehi Tapaya Swaha"

Mantra zum Sri Lakschmi :

„Om Sreem Hreem Cleem Maha Ashta Iswarya Sampathu
Aadhi Dhiyudha
Maha Kubera Managala Sarva Bhagya Sudharsana Sanka
ChakraPadma Ghadhayudha
Sree Lakshmi Narayana Dhevaya Namaha „

Wenn Sie die Mantren zum Kubera und zum Sri Lakschmi zusammen lesen werden, bringt es Ihnen Wohlstand.

Während bei Yantras die göttliche Energie über das Bild übertragen wird, wird bei Mantren die Energie durch den Ton übertragen.
Das Singen von Mantras ist ein starkes Instrument zur Erweiterung
unseres Bewusstseins.

Ich möchte Ihnen ein paar Beispiele von Mantras geben, die meiner Meinung nach eine sehr starke Wirkung haben.

Dank meiner hellsichtigen Fähigkeiten konnte ich sehen, welche
Veränderungen bei einigen Mantren geschehen.

Das **Gajatri-Mantra** ist eines der wichtigsten Mantren, welches die
heiligen Energien überträgt und den Praktizierenden Schutz,
Reichtum, Weisheit und Reinigung gibt.
Bei dem Gajatri-Mantra wird Beten und Dankbarkeit zur göttlichen
Präsenz zusammengefasst und führt somit zur göttlichen Energie.
Mit dem Gajatri-Mantra kann man zu verschiedenen göttlichen
Präsenzen beten, wie zum Beispiel:

**Annapurna** sorgt für die Erleuchtung:"aum bhagavatyai ca vidmahe mahesvaryai ca dhimahi tanno annanpurna pracodajat"

**Baruna** sorgt für die Liebe:"aum jalbimbaye vidmahe nil-purusaye Dhimahi tanno varunah pracodayat"

**Krischna** sorgt für Erfolg:" aum devakinandanaye vidmahe vasudavaye dhimahi tanno krisnah pracodayat"

**Laksmi** sorgt für Reichtum:" aum mahalaksmaye vidmahe visnupriyaye dhimahi tanno laksmih pracodayat"


Neben dem Sri Yantra im Hinduismus kann man mit folgenden anderen Yantras meditieren:

**Durga Yantra** – Durga, die Mutter der Harmonie

**Ganesh Yantra** - Gott aller Existenz, der ganzen Schöpfung

**Kali Yantra** - Kali, die Göttin der Veränderungen

**Tara Yantra** – Tara, die Göttin der Emotionen und Sprache

**Bhubaneswar-Yantra** – Bhubaneswar, die Königin aller Dinge

**Matangi-Yantra** – Matangi, die Göttin der Rede, Literatur, Musik

**Kamala Yantra** - Kamal ist einer der Namen der Göttin des Friedens, der Anmut und Schönheit.

## *Worte des Glücks*

Die Informationen, die wir täglich aus den Medien, Fernsehen, Zeitung, Internet bekommen sind meistens negativ. In den Nachrichten erfahren wir, wo welche Flugzeuge abgestürzt sind, oder welcher Terrorakt wo begangen wurde, und noch mehr solcher negativen Sachen. Wenn Sie in dem Moment, als Sie so etwas hörten, plötzlich gedacht haben. "Hoffentlich passiert mir das nicht", dann haben Sie schon negative Energie aufgenommen. Denken Sie daran: Wenn Sie diese Nachrichten zulassen, beginnt eine innere Zerstörung. Also, noch einmal, kommen wir zu dem Schluss, dass Gedanken Material sind und dass das Bewusstsein die Realität beeinflusst. Codes des Unterbewusstseins sind einfach und leicht in die Praxis umzusetzen: Alles was Sie brauchen werden ist: in einer bestimmten Situation diese Code-Sätze sagen. Eine Code-Einstellung verbindet Bewusstsein und Unterbewusstsein, führt zur Erhöhung der Energieressourcen und einer Erhöhung der Kapazität um das Zehnfache!

Wenn wir unser Unterbewusstsein beispielsweise auf die Welt des Geldes durch bestimmte Rituale programmieren, wird auch unser Geist allmählich auf die Gewinnung von Geld zuarbeiten. Dies gilt nicht nur für den Finanzsektor, sondern auch für die Umsetzung in allen anderen Bereichen.

Was ist der Unterschied zwischen dem Bewussten und dem Unbewussten?
Das Bewusstsein ist ein Teil des Gehirns und speichert und verarbeitet alle Informationen überall um uns herum, und dann realisiert das Gehirn unsere Aktionspläne. Lösungen entstehen, in der Regel, unter dem Einfluss des Bewusstseins. Die Arbeit des Bewusstseins besteht darin, Information von der Außenseite zu empfangen und diese dann, ruhig und langsam, in Aktion umzusetzen.

Die automatischen Reaktionen sind die Ergebnisse des Unterbewusstseins. Automatisch verrichten wir täglich z.B.: Atmen, Blinzeln, Bewegen der Beine, Nahrung verdauen ... - das Bewusstsein steuert diese Prozesse nicht, weil es sich zu dieser Zeit mit der Lesbarkeit der Informationen aus der Umwelt beschäftigt. Manchmal gibt uns das Unterbewusstsein Bilder, die wir vor langer Zeit vergessen zu haben schienen. Aber es gibt Situationen, in denen die Verbindung von Bewusstsein und Unterbewusstsein uns in vielen unserer Lebensbereiche hilft. Das Bewusstsein wirkt im Allgemeinen langsam, während das Unterbewusstsein in der Lage ist, Signale schnell zu verarbeiten. Wenn in Ihrem Leben eine Gefahr droht, dann kümmert sich Ihr Unterbewusstsein darum. Sie können „automatisch" die Gefahr vermeiden.

In seinem Buch "54 Codes vom Glück" beschreibt Roman Fad, einer der großen Zauberer von Moskau, spezifische Codes zu verschiedenen Zielen, die Sie erreichen wollen, z.b. Gesundheit, Liebe, Geld, Erfolg.
Ich werde hier nur ein paar konkrete Beispiele darstellen.

Der erste Code: "Zusammen".
Dies ist der wichtigste Code. Er verbindet Bewusstsein und Unterbewusstsein miteinander. Sprechen Sie diesen Code "Zusammen" in jeder Situation aus, in der Sie ein Problem lösen wollen; z.b. wenn Sie eine anspruchsvolle Sitzung, eine Prüfung, ein Interview, ein Vorstellungsgespräch vor sich haben - sagen Sie diesen Code, stellen Sie sich die Situation - wie Sie sie sich wünschen - als Bild vor und der Erfolg ist Ihnen garantiert.

Der zweite Code des Unterbewusstseins lautet: " Mir gelingt es" Dies bezieht sich auf das, was jetzt passiert, betrifft alles, was sie anfangen. Ihr Unterbewusstsein sagt dass alles, was sie unternehmen werden, das werden Sie auch schaffen. Wenn Sie z.B. ein neues Unternehmen gründen möchten, ein Projekt anfangen, die große Liebe treffen möchten, … beachten Sie, dass Ihr Gedanke Materie ist, geben Sie dem Universum Ihr Vertrauen und Sie werden dafür belohnt.

Der dritte Code ist: "Bekommen", das heißt, Sie müssen alles visualisieren was Sie bekommen möchten. Dann bekommen Sie alles, was Sie brauchen: eine Wohnung, ein Auto, einen gut bezahlten Job. Sie erhalten die Freiheit und die Unabhängigkeit von schlechten Gewohnheiten. Alles liegt in Ihren Händen.

Der vierte Code "Zählen". Dieser Code bezieht sich auf Geld. Wenn Sie sich Geld wünschen, müssen Sie genau wissen, wofür Sie es verwenden möchten. Die Welt des Geldes ist eine Welt der subtilen Energie, welche sehr sensibel auf Ihre eigenen Gedanken und Vorstellungen wirkt.

Wenn Sie ein Ziel erreichen möchten, dann sprechen Sie alle vier Codes drei Mal nacheinander aus: "Zusammen, mir gelingt es, bekommen, zählen".

### Gypsy - Porträt der Zigeunerin des Glücks

Dieses Porträt hat eine schöne und inspirierende Geschichte. Ein Italiener, Luigi Carbone, kaufte das Porträt mit dem Bild einer schönen jungen Zigeunerin, ein Geschenk an seine geliebte Frau. Nachdem dieses Porträt in ihrer Heimat war, gab es viele glückliche Ereignisse. Luigi Carbone selbst wurde sehr schnell reich durch den Abschluss von nur einem Geschäft. Seine Familie war eine willkommene Ergänzung – Frau Carbone gebar Zwillinge, obwohl sie eigentlich nicht schwanger werden konnte.
Das Porträt wurde in der Familie Carbone durch die Vererbung weitergegeben. Jede Generation war glücklich im persönlichen Leben und in materieller Hinsicht. Die Familie Carbone vertrieb sogar Reproduktionen an jene Menschen, die ihr Leben verbessern und glücklicher sein wollten. Auch diese bestätigten die Wunderkräfte des Bildes. Man musste allerdings mit dem Porträt kommunizieren.

***Wenn ich Heiler werden will…***

In der heutigen Zeit wollen viele Menschen Heiler werden, aber nicht viele wissen, wie man am schnellsten zum Ziel kommen kann. Die meisten machen ein paar Ausbildungen, z.b. im Bereich Gesundheitsberater, Hypnose, … und denken, dass sie bereit dazu sind, andere zu heilen. Sie eröffnen eine eigene Praxis, haben aber keinen Erfolg damit. Wenn Sie anderen Menschen helfen wollen, müssen Sie zuerst in der Lage sein, die eigene Heilung durchzuführen. Sind Sie jetzt überrascht und sagen: „Was hat das Heilen anderer mit mir zu tun?" Die Antwort ist: „Ganz viel!"

Die erste Regel des Universums lautet, dass man jemandem nur etwas geben kann, was man selber hat. Diese Regel funktioniert auf allen Ebenen – egal welche man betrachtet.
Sie wollen anderen Menschen Gesundheit geben? – haben Sie sie selber?
Sie möchten mit Patienten (oder Klienten) über ihre Beziehungsprobleme reden – haben Sie selbst eine glückliche Beziehung? Wenn nicht, lassen Sie die Finger davon! Nur ein Mensch, der in seinem Leben alle Bereiche wie: Liebe, Partnerschaft, Kinder, Gesundheit, Arbeit, gute Verbindung zu den Eltern, Freunde und Hobbies mit dem positiven Zeichen „JA" beantworten kann, sollte mit der Heilung von anderen Menschen beginnen.

Als Heiler muss man selbst eine höhere Lebensfrequenz haben als die Patienten.
Bei der Heilung überträgt der Heiler seine Frequenz auf den Patienten. Das erklärt, warum bei einem Menschen Heilung geschieht und bei anderen nicht. Jeder Mensch schwingt mit seiner eigenen Frequenz und wenn die Frequenz des Patienten sich nicht viel von der des Heilers unterscheidet, dann kann keine Heilung stattfinden.

Wann können Sie ein guter Heiler sein? – wenn Sie den Wunsch, Heiler zu sein, nicht mehr haben. Sind Sie überrascht? – aber genauso ist es!

In Wirklichkeit haben viele Menschen, die Heiler werden wollen, ein großes Bedürfnis ihre eigenen Wunden zu heilen. Wenn diese Wunden geheilt sind, lässt der Wunsch zu heilen nach. Das heißt nicht, dass sie nicht mehr anderen Menschen helfen wollen, aber das wird dann nicht mehr ihr Hauptziel sein. Das bedeutet, sie müssen eine andere Ausbildung einbeziehen, z.B. Heilpraktiker oder Masseur oder Energiearbeit, ... damit können Sie dann Heilung kombinieren.

Natürlich gibt es Ausnahmen, das sind die Menschen, die vom Universum für eine bestimmte Mission ausgewählt werden, nämlich dazu, anderen Menschen Heilungsenergie zu geben. Es könnte sogar sein, dass diese Ausgewählten keine eigene Familie oder Kinder haben, aber trotzdem in unsere Welt kommen um anderen den Weg zu zeigen. Einen solchen Weg hatten viele berühmte spirituelle Lehrer vor sich, wie z.B. Paramahansa Jogananda oder Elena Petrovna Blavatskaja.

Auch in der heutigen Zeit gibt es Menschen, die eine solche Mission in sich tragen – über diese Menschen möchte ich berichten.

**Mer-Ka-Ba**

### Blume des Lebens als Symbol

### Blume des Lebens in die Natur

Ein wichtiger Schutz für denjenigen, der den „Krieger-Weg" gehen will und eine höhere Bewusstseinsebene erreichen möchte, ist Mer-Ka-Ba. Die wird als Schutz in der Kosmoenergetik seit vielen Jahren benutzt.

Drunwalo Melchizedek ist ein weltberühmter Wissenschaftler, Erfinder, esoterischer Heiler und Lehrer. In seinem Buch "Blume des Lebens" beschreibt er ein System der Schöpfung - einen geometrischen Plan, welcher uns in die Existenz führt und aus ihr heraus. Seit tausenden von Jahren hat sich dieses Geheimnis in allen Objekten der materiellen Kultur erhalten und ist in den Zellen aller Lebewesen kodiert. Um die innere Balance wiederherzustellen, können Sie mit den feinstofflichen Körpern der heiligen Geometrie arbeiten. Dies ermöglicht es Ihnen, Probleme schnell und effektiv loszuwerden und die Gesundheit wieder herzustellen. Der Autor empfiehlt, um sich herum die Mer-Ka-Ba (s.u.) zu errichten. Dadurch erreichen wir ein erweitertes Bewusstsein, wir erkennen wer wir sind, verbinden uns mit höheren Ebenen des Bewusstseins und erinnern uns an die unendlichen Möglichkeiten unseres Seins.

Ich hatte vor ein paar Jahren mein Mer-Ka-Ba aktiviert, über dieses Erlebnis möchte ich ihnen erzählen.
Die Aktivierung von Mer-Ka-Ba können Sie selber machen, wenn Sie sich das Buch „Blume des Lebens" kaufen, oder Sie können im Internet nachschauen. (www.blumedeslebens.de). Ich empfehle Ihnen das Buch zu lesen.

Es gibt erfahrene Lehrer, welche Ihnen helfen können Ihre Mer-Ka-Ba zu aktivieren. Bei einem dieser Lehrer, Rainer Kitza, war ich gewesen. Als Diplom Pädagoge erforschte er verschiedene therapeutische Ansätze wie Hypnose und NLP und 1999 lernte er die „Blume des Lebens" und die Arbeit von Drunwalo Melchizedek kennen. Beiden Männern ist danach klar geworden, dass es die Aufgabe von Rainer Kitza ist, dieses Wissen zu erforschen und weiter zu vermitteln.

Das zweite Seminar für die Aktivierung der Mer-Ka-Ba war in Wien. Meine Freundin Elisabeth und ich hatten die lange Fahrt nach Wien gemacht. Das war Mitte Juli und das Wetter war sehr warm. In Wien waren es achtunddreißig Grad im Schatten. Das zweite Seminar Mer-Ka-Ba hat mit dem Weltenbaum und neun Dimensionen zu tun. Der Weltenbaum ist ein Symbol der zentralen Achse, die alle Ebenen unseres Seins verbindet. Die Schamanen nutzen den Weltenbaum, um in die Ebenen der Anderswelt zu reisen.

In dem Seminar ging es um die Mer-Ka-Ba Programmierung und darum, mit ihr durch die Dimensionen zu reisen. Im Seminar hatten wir uns mit der Bedeutung der einzelnen Dimensionen beschäftigt und den Zugang zu den Dimensionen aktiviert. Das hat starke Heilungsprozesse in uns ausgelöst. Nach Bearbeitung der fünften Dimension war mir übel und ich hatte Kopfschmerzen, aber Elisabeth hat mich überredet zu bleiben, sie wollte noch nach dem Ende mit Rainer sprechen und ihm Fragen stellen. Der Reinigungsprozess hatte mich erwischt, aber in dem Moment konnte ich das nicht wahrnehmen. Am nächsten Tag ging es mir wieder gut, und wir haben dieses unvergessliche Seminarerlebnis richtig genossen.

## Wir sind alle verbunden

Etwas, das ich mit Sicherheit sagen kann ist, dass Sie Ihre Entwicklung daran erkennen können wie oft das Universum auf Sie zugehen wird.

Beispielsweise brauchen Sie etwas und plötzlich ruft Sie jemand an und sagt, er habe genau das, was Sie benötigen. Sie selbst haben nur den Gedanken gehabt bzw. an den Wunsch gedacht und es ist Ihnen geholfen worden ohne Ihr Zutun!

Das passiert, sobald Ihre persönliche Entwicklung weiter vorangeschritten ist, immer öfter. Diese Wunschrealisation beginnt mit kleinen Sachen, aber irgendwann müssen Sie sehr gut darauf aufpassen was Sie denken, denn Ihre Gedanken werden sich sehr schnell materialisieren.

Die ganze Welt ist lebendig und alles schwingt, bzw. vibriert in seiner eigenen Frequenz. Alle Dinge, Pflanzen und Tiere haben eine Seele. Sie können sich mit allem verbinden, Sie können mit allem sprechen, Sie können sich mit den Kraftplätzen und Spirituellen Lehren verbinden. Dabei spielt es keine Rolle, ob die Menschen mit denen Sie in Verbindung treten möchten, jetzt in der Gegenwart leben oder in der Vergangenheit lebten. Wenn Sie sich z.B. mit einem spirituellen Lehrer verbinden wollen, nehmen Sie ein Foto von ihm und bitten ihn zu erscheinen; dann können Sie ihn um Unterstützung bitten oder ihm Fragen stellen. Genauso gut können Sie sich mit jedem Kraftplatz der Erde verbinden, z.B. mit Hilfe eines Bildes in einem Buch oder über die eigene Erinnerung, wenn Sie schon einmal dort gewesen sind.

Der japanische Arzt Masary Emoto beschreibt in seinem Buch „ Die Botschaft des Wassers" seine Experimente mit den Wasserkristallen. Er kam zu dem Ergebnis, dass im Wasser die gesamte Geschichte aller Lebewesen, die in Meeren oder Ozeanen gelebt haben gespeichert ist. Er stellte außerdem fest, dass sich die Struktur der Wasserkristalle durch Worte verändert, und zwar: positive Gedanken, (Worte, Liebe, Freude, Göttliches Gebet, ...) manifestieren sie sich in harmonischen Kristallen und Strukturen negative Emotionen (Wut, Hass, Angst, ...) führen zu asymmetrischen, chaotischen Strukturveränderungen der Wasserkristalle.

Masary Emoto hat 48 Karten mit Fotos mit der „Magischen Kraft von Wasserkristallen" entwickelt. Mit Hilfe dieser Karten können Sie Ihr Leben positiv verändern und zu Harmonie und Glück finden!

Wir sind alle mit allen anderen verbunden – Sie werden erleichtert sein, wenn Sie sich als ein Teil des Universums fühlen werden! Das heißt, in diesem Augenblick werden Sie alle Menschen lieben – Sie werden mit allen in Harmonie leben – Sie haben keine Feinde mehr – Sie werden allen verzeihen, wenn Ihnen jemand weh getan hat – Sie werden keine Unterschiede mehr zwischen Fremden und Verwandten machen – Sie werden niemand mehr beschuldigen außer sich selbst und falls Sie etwas Schlechtes getan haben, die „Schuld" nur bei sich suchen und versuchen es wieder gut zu machen.

Wir bekommen vom Universum das zurück, was wir ihm schicken! Wenn wir morgens früh aufwachen und sehen, dass draußen schlechtes Wetter ist, beginnen wir den Tag meistens damit, uns darüber zu beklagen. Wir sollten uns besser beim Universum (oder dem „Lieben Gott" – ganz nach unserem Glauben) dafür bedanken, dass wir heute wieder aufgewacht sind und uns für alles bedanken, was wir haben! Das ist der Weg zur Erleuchtung! In der Dankbarkeit liegt die Kraft! Wenn Sie Ihr Leben verbessern möchten, müssen Sie dankbar sein für das was Sie haben! Sie müssen dankbar sein dafür, dass Sie nicht auf der Straße leben, dass Sie Ihr Essen nicht aus der Mülltonne holen müssen, dass Sie Familie, Kinder, Eltern, Freunde haben … Viele von uns vergessen das manchmal, sie nehmen es als etwas Selbstverständliches.

Viele Menschen gehen in die Kirche zum Beten – und was beten sie? „Lieber Gott gib mir das und das … und immer mehr und das noch dazu …" Würden Sie auch in die Kirche gehen, wenn Gott morgen einen Zettel aufhängt: „ Ab sofort erhöre ich kein Gebet mehr!"? Würden Sie auch in die Kirche gehen, nur um sich zu bedanken?

Oft stellen sich Menschen die Frage: Warum wird das Beten von einigen Menschen von Gott erhört, das von anderen aber nicht? Die Antwort ist: wie weit können Sie Ihr Herz öffnen und die Energie der Liebe schicken? Denn Gott ist Liebe! Wir erhalten das, was wir geben. Je höher die Energiefrequenz eines Menschen ist, desto besser kann er mit Gott oder dem Universum kommunizieren. Deshalb wird auch das Gebet eines Priesters schneller erhört, als das eines „normalen" Menschen. Wenn Sie täglich beten, dann ebnen Sie einen Weg von Ihrem Herzen zu Gott.

Sie werden bestimmt fragen, gibt es Menschen, die nicht gläubig sind und was ist denn mit mir? Im Prinzip spielt es absolut keine Rolle, ob sie gläubig sind oder nicht. Der Glaube ist dazu da, um für die Menschen eine gewisse Ordnung darzustellen. Sie sind frei zu entscheiden, an was sie glauben! Hören Sie immer nur auf Ihre innere Stimme, dann können sie nichts Falsches machen.

Wir sind alle eins, wir sind alle miteinander verbunden. Sie können nicht jemanden umbringen, dann in die Kirche gehen, beichten und denken, der liebe Gott hat Ihnen Ihre Schulden abgenommen. Wenn das alles so einfach wäre.

Mein Vater war ein sehr intelligenter und hochgebildeter Mensch, er hatte promoviert, konnte fünf Sprachen fließend sprechen und konnte Geige und Klavier spielen, aber er war nicht gläubig. Meine Mutter und ich waren orthodox getauft und alle Verwandten von der Mutterseite waren sehr gläubig. Ich kann mich nicht an ein einziges Mal erinnern, dass mein Vater mich angeschrien hätte. Er war immer gut gelaunt und wenn er am Abend von der Arbeit kam, er ließ alle Probleme vor der Haustür.

Meine Mutter ist eine sehr starke Frau, welche immer wusste, wie man alles richtig macht. Dabei hat sie oft geschimpft, wenn etwas nicht nach ihrem Willen ging. Sie wollte unbedingt, dass mein Vater sich taufen lässt und versuchte ihn immer wieder zu überreden. Bei einer solchen Diskussion sagte mein Vater. „Ich habe meinen Gott in meinem Herzen, vielleicht mehr, als diejenigen, welche in die Kirche gehen. Ihr geht in die Kirche, betet und beichtet, kommt wieder nach Hause und fangt wieder an zu streiten, zu beurteilen. Man muss im täglichen Leben Liebe in seinem Herzen haben, so dass man mit seinem inneren Licht, wie mit der Sonne alle erwärmt, und das ist göttlich."

## Braco - ein Heiler aus Kroatien

Der 39-jährige Braco stammt aus Kroatien. Er lebt heute in Zagreb und arbeitet nicht nur dort sondern immer mehr auf zahllosen Reisen durch Europa. Regelmäßige Heilungsveranstaltungen finden in Kroatien, Slowenien, Deutschland, Österreich und der Schweiz statt.

Braco hat als junger Mann Betriebswirtschaft studiert und bald ein erfolgreiches Handelsunternehmen aufgebaut. Dann lernte er in Zagreb den berühmten Heiler Ivica kennen. Er war sofort so begeistert und fasziniert, dass er sein bisheriges Leben aufgab, zu Ivica zog und ihn bis zu dessen unglücklichen Tod im Jahre 1995 in tiefer Freundschaft, Bewunderung und Hingabe begleitete. Erst nach Ivicas Tod und durch die Berichte und den Zuspruch anderer Menschen entdeckte Braco, dass er selbst auch über heilende Kräfte verfügt. Dass er offensichtlich bestimmt und in der Lage war, Ivicas Werk weiterzuführen. „Die Augen sind das Fenster zur Seele", heißt es. Bracos Augen sind für die Teilnehmer Fenster zu Gott. Der "Stille Heiler mit dem gebenden Blick" wird er auch genannt. Doch Braco selbst gibt ausdrücklich keinerlei Heilungsversprechen. Er rät den Menschen sogar, jegliche ärztliche Hilfe in Anspruch zu nehmen.

Die meisten Menschen bringen einen Blumenstrauß mit, mit dem sie sich symbolisch bei Braco bedanken. Am Ende der Begegnung bekommen sie dann einen (anderen) Blumenstrauß zurück. Die Blumensträuße wandern somit von einem Besucher zum anderen. So wie sich Braco wünscht, dass seine Liebe und Kraft von den Menschen weiter getragen werden. Die Veranstaltungen sind gegen einen geringen Unkostenbeitrag von fünf Euro zu besuchen. Sie sind in der Regel für jedermann und ohne vorherige Anmeldung zugänglich.

Immer mehr Menschen lernen, subtile Energien bewusst aufzunehmen und sie für sich zu nutzen. Sie lernen, selbstverantwortlich und achtsamer mit sich selber umzugehen. Durch Braco erfahren sie, dass das "Stillsein", das Öffnen des Herzens den Weg zu innerer Ruhe und zu körperlicher und geistiger Heilung frei macht. Blockaden brechen auf, Verhärtungen lösen sich und heilsame Energien kommen in Gang.

Durch den Heiler wird gewissermaßen eine Innenwelt-Bewegung angestoßen, was eine Außenwelt-Bewegung zur Folge hat. Braco wirkt als Schlüsselenergie und Katalysator. Jeder findet dabei seinen eigenen Zugang zu der immer vorhandenen Naturenergie. Braco kann nur Impulse geben. Die eigenen Kräfte entfalten, um innere Schätze zu heben, das kann nur jeder selbst. Mit den gewonnenen Erkenntnissen und dem Bewusstseinswandel erhält so jeder eine reelle Chance, seine Krankheits- und Leidensprogramme zu beenden.

Von Braco habe ich durch meine Freundin Natalie erfahren. Natalie spielt in meinem Leben eine besondere Rolle. Vor vier Jahren hatte ich sie auf einem Seminar kennen gelernt , und seitdem haben wir sehr engen Kontakt. Wir leben über dreihundert Kilometer auseinander, aber telefonieren oft, und wenn sie Zeit hat, besuche ich Sie gerne. Natalie ist ein Mensch, der außergewöhnliche Fähigkeiten hat, sie ist hellsichtig, kann sogar am Telefon wie ein Röntgengerät sagen, welche Krankheiten ein ihr fremder Mensch hat. Das heißt, sie muss den Mensch nicht kennen. Es reicht, wenn ich ihn kenne und ihn ihr vorstellen kann. Natalie ist eine Heilerin. Sie stammt aus einer religiösen Familie, der Großvater war ein Priester. Ihre Großmutter war eine Heilerin und heilte mit kirchlichen Gebeten. Die Familie hatte ein Heiliges Wissen, welches später an Natalie und ihre größere Schwester weiter gegeben wurde. Seit Jahren hilft Natalie den Menschen, schwerste Krankheiten zu besiegen und das macht sie nicht hauptberuflich, sondern nur in ihrer Freizeit. In Ihren Hauptberuf ist sie Psychologin. Natalie kann auch in der Zukunft sehen, sie kann alle Information der Chroniken von Akascha abrufen. Aber sie macht das nicht gern, nur wenn es um Leben und Tod geht. Wenn ich einen schwierigen Patienten hatte, habe ich oft ihren Rat gebraucht. Sie hat fast immer recht, was die Diagnose und die Lebenslage betrifft.

Wenn sie manchmal sagte, „Das ist zu spät", dann wusste ich, dass es so war.

Ich wollte damals unbedingt eine große Heilerin sein, und fragte sie oft, ob ich das irgendwann würde. Sie lachte nur und sagte mir immer: „Wenn du drei Mal weniger reden würdest, zwei Mal mehr zuhörst, zehn Mal vernünftiger wirst und nicht mehr den Wunsch hast Heilerin zu sein, dann wird's besser…" Ich konnte am Anfang nicht verstehen, warum ich vernünftiger und emotionsloser werden sollte, mit meiner großen Lebenslust? Warum sollte ich nicht reden wie ein Wasserfall, wozu das Ganze? Später, nach und nach fing ich an mich zu verändern. Eines Tages sagte mir Natalie, dass sie mir eine heilige Energie geben will, so dass ich mich schneller weiter entwickeln kann. Sie sagte, sie hätte die Anweisung vom Universum bekommen, dass sie mir diese Energie geben muss.

An diesem Tag haben wir uns zu der Veranstaltung von Braco verabredet. Sie gab mir die Einweihung in die Energie und sagte, dass ich jetzt probieren soll, beim Betreten des Raumes mit Braco in Gedanken zu kommunizieren. Wir kamen in einen großen Raum mit hunderten von Menschen. Braco stand auf der Bühne und schaute uns an. Er strahlte eine sehr schöne Energie der Ruhe und Gelassenheit aus. Bei einer Frau, die neben mir stand, liefen plötzlich die Tränen. Ich schloss meine Augen und wartete darauf, was kommen würde. Auf einmal begann mein inneres Sehen - ich sah, wie Braco auf der Bühne stand und im Hintergrund erschienen die Pyramiden von Ägypten. Auf einmal verwandelte sich Braco in einen ägyptischen Pharao. Wau! Ich schaute ihn an und stellte in Gedanken meine Frage. Nach ein paar Sekunden hörte ich die Antwort. Das war kaum zu glauben, dass ich wirklich mit Braco kommunizieren konnte. Ich stellte noch eine Frage, und bekam wieder eine Antwort. Ich machte meine Augen auf schaute erstaunt zu Natalie, und sie nickte mir mit dem Kopf zu. Natalie hatte unser „Gespräch" auch gehört…Als wir raus gingen sagte Natalie: „das ist ein besonderes Erlebnis die Heilige Energie zu bekommen, und dass sie denkt, das meine Veränderungen nicht lange auf sich warten lassen. Wir gingen mit den Blumen von Braco. Das war einfach so ein schönes Gefühl. Übrigens, ich mag keine abgeschnittenen Blumen, aber ich hatte ein lebendiges kleines Blümchen in einem Topf beim Ausgang bekommen. Das war für mich ein gutes Zeichen. „Meine liebe Natalie! Dir habe ich jede Menge zu verdanken, du hast wie immer Recht gehabt."

## Mutter Meera

Mutter Meera ist eine Inkarnation (Avatar) der Göttlichen Mutter, die in breiten Kreisen verehrt und geliebt wird. Geboren am 26. Dezember 1960 in einem Dorf der Provinz Chandepalle, in Südindien, erwies sich Mutter Meera schon bald als ein ungewöhnliches Kind: Im Alter von drei Jahren berichtete sie davon, "zu verschiedenen Lichtern zu gehen". Mutter Meera's Eltern behandelten sie als ein außergewöhnliches Kind und liebten sie sehr. Da ihre Familie nicht besonders religiös war, wurde sie nicht im Sinne irgendeiner Tradition erzogen. Mutter Meera's wirklichen Eltern waren die spirituellen Führer, denen sie in Ihren Visionen begegneten. Mutter Meera lebte ständig im Zustand des Samadhi. Unter der Obhut Ihres Onkels, Herrn Reddy, verbrachte sie einige Zeit in Pondicherry, wo Ihre Gegenwart große Beachtung fand. 1982 heirateten sie einen Deutschen, der seitdem bei Ihr lebt. Mutter Meera wohnt heute auf Schloss Schaumburg in Balduinstein, einem ruhigen Dorf in Deutschland, und obgleich sie nicht die Öffentlichkeit gesucht hat, kommen Tausende von Menschen aus der ganzen Welt, um Ihren Darshan zu erhalten - die stille Übermittlung von Segen und Licht durch Ihren Blick und Ihre Berührung. Mutter Meera's einzigartiges Geschenk an die Welt besteht darin, dass sie zum ersten Mal in der Geschichte der Erde das transformierende Licht des Paramatman - des Höchsten Wesens - zugänglich macht. In dieser von wachsendem Verlangen nach Spiritualität geprägten Krisenzeit vermittelt Mutter Meera Ihren Kindern die direkte Übertragung jenes Lichtes, das alle Hindernisse auflöst und das gesamte Sein umwandelt. Alle, die offen sind, können das Licht empfangen, ob sie Mutter Meera in Ihrer physischen Gestalt begegnen oder nicht. Als Inkarnation der Göttlichen Mutter steht Mutter Meera über allen Dogmen und Hierarchien. Sie erwartet von niemandem, dass er Ihr nachfolgt. Sie lässt Ihre umwandelnde Kraft allen Menschen zuteilwerden, ganz gleich welchen Weg der einzelne beschreitet oder welcher Religion er angehört.

Von Mutter Meera hatte ich auch über meine Freundin Natalie erfahren. Von uns aus liegt der Balduinstein in drei und halb Stunden Entfernung. Ich entschied mich, mit meinen zwei Freundinnen, Elisabeth und Ingrid, diesen Ausflug zu unternehmen. Bei Mutter Meera muss man sich für einen Darschan-Termin schon zwei bis drei Monate vorher einschreiben. Das hatten wir auch gemacht. Im Januar lag sehr viel Schnee und wir entschlossen uns, mit Ingrids Jeep zu fahren. Bei der Fahrt erzählte mir Ingrid, dass sie einen schlechten Traum gehabt hatte. Sie träumte, dass sie mit dem Jeep von einem Berg rückwärts stürzte. Ich sagte ihr, sie solle diesen Traum umprogrammieren, das heißt, sie solle die Situation noch mal wieder aufrufen und erleben, und sich in ihren Gedanken andere Bilder mit einem glücklichen Ende vorstellen. Ingrid versuchte das, aber ich fühlte, dass das Thema sie noch berührte. Unsere Darschan -Termin war um neunzehn Uhr. Spät am Nachmittag sind wir los gefahren. Am diesem Tag war es sehr glatt gewesen, aber wir hatten ein sicheres Auto und uns keine Sorgen gemacht. Das Schloss Schamburg liegt auf der Spitze eines Berges und wir hatten noch genug Zeit, unsere Sachen zum unserer gebuchten Pension zu bringen. Wir fuhren in der Dunkelheit und suchten diese Pension, die fünf Kilometer vom Schloss Schaumburg entfernt sein sollte. Wir hatten zwei Termine für den Darschan, auch für den nächsten Abend und anschließend wollten wir nach Hause fahren. Die Natur der Gegend ist märchenhaft, große Bäume mit kräftigen Kronen, mit kleinen Serpentinen-Straßen und kleinen Teichen. Man hat das Gefühl, dass man in ein Land von Feen und Zwergen eingetreten ist. Wir fuhren von dem Schloss den Berg runter und fingen an unsere Pension in einem kleinen Dorf zu suchen. Unser Navi hatte seinen Geist aufgegeben, denn dort hatte man keinen Satellitenempfang und wir mussten im Dunkeln suchen. Nach einer halben Stunde hatten wir endlich das Ziel gefunden. Wir packten unsere Sachen aus, nahmen den Schlüssel und fuhren wieder in Richtung Schloss Schamburg.

Auf einmal kam ein solcher Nebel auf, dass man nicht einen Meter nach vorne schauen konnte. Wir wussten nicht mehr, wie wir diese enge Straße nach oben in der Dunkelheit finden konnten. Dann plötzlich sah Ingrid eine Straße, welche nach oben ging. Wir fuhren wieder die Serpentinen-Straße nach oben. Wir waren fast auf der Spitze des Berges, als die Asphaltstraße plötzlich aufhörte und eine Waldstraße anfing. Wir hatten uns in dem Nebel verfahren. Wir mussten umdrehen, sagte ich. Elisabeth stieg aus, die Stelle war zu eng für unseren großen Jeep. Ingrid versuchte das Auto zu drehen, aber der Jeep war zu schwer und rutschte bei jedem Versuch immer näher zum Abgrund. Ich stieg aus, damit das Auto leichter wurde. Ingrid versuchte nochmal umzulenken und rutschte rückwärts noch tiefer zum Abgrund. Das Auto blieb mit dem linken hinteren Rad in der Luft hängen. Ingrid schaute nach links und bekam Panik. Sie fing an zu zittern und erinnerte sich an ihren Traum. „Ich schaffe das nicht, ich stürze ab, wie in meinem Traum" sagte sie. „Steig aus", sagte Elisabeth, „ich kann es versuchen". Elisabeth ist die beste Fahrerin von uns dreien und sie konnte das mit Sicherheit besser schaffen als die Ingrid, aber Ingrid konnte nicht aussteigen, ihre Beine zitterten und sie konnte diese nicht mehr bewegen. Sie stand einfach unter Schock. Ingrid weinte und zitterte immer mehr und mehr. Elisabeth sagte mir leise, dass nur ich sie beeinflussen könnte. Ich hatte das Gefühl, noch eine Minute und sie wird mit dem Auto runterstürzen. Ohne nachzudenken sprang ich zwischen das Auto und den Abgrund an eine enge Stelle, wo ich gerade noch stehen konnte. „Geh weg, lass mich alleine stürzen", schrie Ingrid. Ich wusste selber nicht was ich machen sollte, aber ich wusste ganz genau, dass um aus dem Schock zu kommen man einen anderen Schock braucht. Und ich schrie mit allen meinen Kräften: „Ich bleibe stehen und du musst mich mit deinem Auto überfahren, wenn du stürzen willst. Denk an meine Kinder, reiß dich zusammen, Ingrid, bitte gib Gas, wir schaffen das - Ingrid, wir haben schon so viel zusammen geschafft, " Das war ein Schrei aus der Tiefe meines Herzens. Ich fing an zu beten und stellte mir das Bild vor, dass das Auto aus der Situation raus kommt. Das Universum hat mein Beten gehört. Ingrid hörte auf zu zittern und gab Gas. Das Auto kippte kurz in meine Richtung, dann richtete es sich wieder auf und fuhr ein paar Meter nach vorne, weg von dem Abgrund. Ich blieb noch ein paar Sekunden stehen. Auf einmal war ich so müde, dass ich kaum laufen konnte. Ingrid war auch fix und fertig. Elisabeth hat das Steuer übernommen und zwanzig Minuten später haben wir endlich das Schloss Schamburg erreicht. Wir hatten schon zwanzig Minuten Verspätung und der Darchan von Mutter Meera hatte bereits begonnen. Die Tür war schon versperrt, wir klingelten und nach einer Minute kam ein Mann heraus. Wir entschuldigten uns, er fragte nach unseren Namen und hakte sie in der Anwesenheitsliste ab. Er sagte, wir müssten die Schuhe ausziehen und unsere Jacken ablegen in der Garderobe und wir sollten nicht miteinander reden beim laufenden Darschan. Er führte uns in einen großen Saal, wo mindestens hundertfünfzig Menschen in totaler Stille saßen. Das Schloss war wunderschön, überall mit großen Kronleuchtern illuminiert. Diese Atmosphäre gab ein Gefühl von Liebe und höherer göttlicher Energie. Von dem Mann, der uns begleitete, strahlte ein weiches inneres Licht aus, welches ich ganz stark gespürt hatte. „So fühlt man sich, wenn man einem erleuchteten Menschen begegnet", dachte ich damals, und das hat sich später immer bestätigt. Unsere Plätze waren in der vorletzten Reihe. Wir setzten uns hin und schauten herum. Mutter Meera saß auf der Bühne und gab ihren Segen allen Menschen, die in der Mitte des Ganges kniend zu ihr kamen. Der Mann, welcher uns rein gelassen hatte und noch einer seiner Helfer kamen zu einer Reihe von Sitzenden und gaben ein Zeichen, dass diese Reihe jetzt zu der Mutter eingeladen wird. Alle anderen saßen in der tiefen  Schweige- Meditation. Ich schaute die Mutter Meera an und erinnerte mich an meine Erfahrung mit Braco. Ich fragte mich, ob die Mutter mich auch hören wird, wenn ich eine Frage an sie stellen werde. Ich schloss meine Augen und stellte ihr die Frage, ob ich eine große Heilerin werden kann. „Das werden wir gleich sehen", hörte ich ihre Antwort, „komm hierher". Ich konnte nicht aufstehen und zu ihr gehen, wir mussten warten bis unsere Reihe dran kam. Im nächsten Moment kam der Mann, welcher uns die Tür aufgemacht  hatte auf mich zu und gab mir den Zeichen ihm zu folgen. Ich war die erste in der Reihe als ich  vor Mutter Meera saß. Ich spürte einen sehr starken Energiestrahl, wie von der Sonne. Sie legte ihre Hände für zehn Sekunden auf meinen Kopf, ich wiederholte in Gedanken meine

Frage, dann nahm sie die Hände weg und schaute mir tief in die Augen. Ich hörte nur ihre innere Antwort "Du wirst". Ich beuge mich noch mal vor der Mutter in tiefster Dankbarkeit und ging zu meinem Platz.

## Oneness Deekscha

Ich hatte viele Bücher von Jogananda, Blawatzkaja und Rerix gelesen, und die berichteten alle von Indien. Dieses Land, mit seinem spirituellen Wissen, hatte mich schon lange interessiert.

Swami Mangalanda ist der erste weibliche Mönch in der Linie von Paramahamsa Hariharananda. Sie führt Kriya-Yoga2- Programme im Tattendorf Ashram in Österreich und in ganz Europa durch. Für mich war es ein unvergessliches Erlebnis, an diesem Ritual mit schönen Blumen und Früchten teilzunehmen. Die Meisterin strahlte so reine Heilige Energie aus. Die Kriya Yoga Übungen, welche dabei gezeigt wurden finde ich am wertvollsten. Sie sind einfach nachzuvollziehen und zu praktizieren.

Eine Alternative ist Oneness Deeksha, eine alte Kunst, die von Heiligen aus Südindien stammt. Es ist eine Energieübertragung, welche unser Bewusstsein erweckt und uns hilft zu erkennen, wer wir wirklich sind. .Oneness Deeksha kommt von der Oneness University, die im Süden Indiens von Sri Amma und Sri Baghavan, zwei Meistern des Bewusstseinserwachens, gegründet wurde.

Sri Bhagavan äußerte sich in einer seiner Ansprachen einmal: dass in den nächsten Jahren eine massive Veränderung im Bewusstsein der Menschen, auf der ganzen Welt, stattfinden soll. Es wird zu seinem explosionsartigen „Erwachen" kommen. Im Jahr

---

[2] Kriya Yoga ermöglicht es den Menschen die Verbindung zum göttlichen Bewusstsein herzustellen und die Selbstentwicklung zu unterstützen.

2013 und 2014 kommt es dann zum dem „Jahr des großen Sieges" und schließlich im Jahr 2015 zu dem „Jahr der Liebe". Diese Prophezeiung wurde schon vor Tausenden von Jahren gegeben. Dafür dass diese Prophezeiungen eintreten, müssen wir arbeiten und Licht in die Menschen bringen damit wir mindestens 60.000 „Erwachte" haben. Dafür benötigen wir auch Menschen des Lichtes, die diese Energien wie Deeksha und Kosmoenergie weitergeben.

Ich habe weiter gesucht nach einem Deeksha-Geber in Deutschland und bin auf die Internet-Seite von Jasmin Faelens gekommen. Sie präsentierte sich als Deeksha-Geberin und das hat mich interessiert.

Es ist möglich mit Hilfe der Oneness Deeksha - einer Energieübertragung - in uns das Bewusstsein dafür zu erwecken, wer wir wirklich sind, und Lebensfreude, Energie, Vertrauen und Selbstachtung wiederzufinden

Jasmin Faelens auf den Treppen des Heiligen Aschram von Sri
und Amma Bagavan in Indien.

Altar einer Oneness Deeksha im Seminarraum von
Jasmin Faelen

Onenss Deeksha hat Jasmin in Indien erhalten bei Amma
Baghavan und sie ist seit Jahren Oneness-Trainerin und Deeksha-
Geberin in Deutschland. Ich hatte mich entschieden bei Jasmin die
Einweihung als Deeksha Geberin zu erhalten. Das war sehr
spannend und interessant, ich möchte sie Ihnen gerne weiter
empfehlen.

Die Deeksha-Energie-Übertragung erweckt in Menschen positive
Emotionen, das bedeutet, dass sie mit sich selbst und anderen in
Liebe und Harmonie verbunden sind, Erfüllung im Beruf erleben
und die Freiheit haben, die eigene Kreativität auszudrücken
welche jeder braucht.

Meditation ist im Wesentlichen die Basis des spirituellen Aufstiegs
des Menschen. Die verschiedenen Techniken der Meditation sind
nur kleine Schritte zur natürlichen und ganzen Weltanschauung,
die typisch sind für Selbstverwirklichung und das
Selbstbewusstsein von Personen.

Beispiele muss man nicht lange suchen - wahre Lehrer erscheinen auf der Erde mit erstaunlicher Regelmäßigkeit.
Zum Beispiel nenne ich die großen Lehrer: Sathya Sai Baba und Sri Aurobindo, Yogananda und Aivanhov.

Sie sind alle sehr unterschiedlich, aber sie alle haben sicherlich eine Besonderheit - ihr meditatives Bewusstsein. Sie kamen um uns den Weg zu zeigen. Unsere Aufgabe ist es, zu versuchen, ihnen zu folgen und auf dem gezeigten Weg weiter zu gehen.

## Ein großer indischer Heiliger - Śrī Tathāta

Jetzt möchte ich Ihnen meinen spirituellen Meister vorstellen:

Śrī Tathāta ist ein großer indischer Heiliger aus Kerala. Basierend auf der Weisheit der Veden lehrt er den Dharma, das Wissen um die harmonischen kosmischen Gesetzmäßigkeiten allen Lebens, angepasst an die heutige Zeit. Um unser angeborenes göttliches Potential zu entfalten gibt uns Śrī Tathāta praktisches Wissen und Methoden und bietet uns seine speziellen Initiationen an. Diese setzen in Verbindung mit einer täglichen spirituellen Praxis (Sadhana) einen tiefgreifenden inneren Reinigungsprozess in Gang, transformieren karmische Altlasten und erweitern unser Bewusstsein. Śrī Tathāta lehrt den mittleren Pfad, der zurückreicht bis zu den Veden und frei ist von Extremen und einem Dogma. Er lehrt auch, dass es in unserer gegenwärtigen Zeit nicht sinnvoll ist, sich völlig aus der Welt zurückzuziehen, um in Einsamkeit nach Verwirklichung zu streben. Wir sollten vielmehr in unserem familiären und sozialen Umfeld bleiben und die damit verbundenen Pflichten so gut als möglich erfüllen und uns täglich im Gebet oder in der Meditation mit dem höchsten Licht verbinden, es auf die physische Ebene herab bringen und in uns und der Welt verteilen.

Der heilige Berg Kudajadri, wo Sri Schankara, der Vater von Adwaita, seine Erleuchtung bekommen hat, überträgt seine Vibrationen auf die Stadt Kollur, denTempel Mokambika und den Tempel Dharma Pitha.

Adwaita bedeutet, dass es keine Dualität mehr gibt, sondern nur noch Einheit.

Der Dharma-Pitha ist ein besonderer Tempel. In der Mitte des Tempels gibt es eine Säule aus einem Stück schwarzen Marmor, die das Kosmische Bewusstsein überträgt.

Eine Meditation auf diese Säule erhöht die Energien der meditierenden Menschen, reinigt den Körper, den Geist und die Seele und führt zur Erhöhung des eigenen Bewusstseins und zum harmonischen Leben.

Der Dharma-Pitha-Tempel in Kollur, Karnataka, steht allen Menschen unabhängig von ihrer Nationalität und ihrem Glauben offen. Wer dorthin kommt um zu meditieren und zu beten, kann dort sofort die heilige Präsenz spüren, und eine tiefe innere Transformation durch die Kraft der Stille erleben.

Śrī Tathāta sagt über sich selbst, dass er auf die Erde kam, um der Menschheit zu helfen, das Ziel ihrer Existenz zu erreichen.

Der Name Tathāta bedeutet: "Der, der Das ist."

Für alle Menschen, welche sich intensiv entwickeln wollen, bietet Śrī Tathāta seine Initiationen an:

**Anugraha Snana**: Dies ist eine Segnung, die ohne Bedingungen gegeben wird und nur mit kurzer täglicher Praxis (Sadhana) verbunden ist. Sie gilt für alle Menschen, die noch nicht bereit sind sich vegetarisch zu ernähren und auf Tabak, Alkohol und Drogen zu verzichten. Das Üben dieser Praxis reinigt unser Bewusstsein und bereitet uns darauf vor, eine vegetarische Lebensweise zu führen.

**Dharma Snana**: ist für die Menschen gedacht, die sich nur vegetarisch ernähren (kein Fleisch, keinen Fisch, keine Eier) und die auf Tabak, Alkohol und Drogen ganz verzichten. Sie ist die erste wahre Initiation und ermöglicht es Suchenden ihr Bewusstsein zu erweitern. Durch sie fließt die Göttliche Energie in die Seele und beeinflusst die Reinigungsprozesse. Das wird mit Hilfe täglicher Übungspraxis (Sadhana) unterstützt.

**Agnie Snana**: Wer diese Initiation empfangen möchte, muss mindestens sechs Monate lang Sadhana regelmäßig praktiziert haben. Durch diese Initiation wird eine Verbindung hergestellt zwischen der individualen Seele und der Höchsten Quelle. Das bedeutet, das höchste Licht ins Leben zu bringen. Diese Initiation wird nur in Indien durchgeführt. (http://www.tathatavrindham.de)

## *Meine Begegnung mit Śrī Tathāta*

Bei dem Deekscha Geber Kurs habe ich Marion kennengelernt. Sie war auch in der Gruppe und bei einem Gespräch erzählte sie, dass sie im nächsten Monat nach Indien fliegen würde, zu ihrem Meister: Śrī Tathāta . Marion ist eine jüngere und hübsche Frau, die ein sehr starkes inneres Licht in sich trägt; dieses Licht der Seele, das man spüren kann. Sie gab mir die Internetseite von ihrem Meister.

Ich hatte sofort das Gefühl, das ist der Meister, der meiner Wellenlänge entspricht. Ich schaute in den Terminkalender von Śrī Tathāta und sah, dass der Meister in nur einem halben Jahr nach Deutschland kommen würde. Die Zeit ist schnell vergangen und dann kamen die Seminartage mit Śrī Tathāta . Zwei Tage vergingen schnell mit Singen der Mantras und Meditationen. Am dritten Tag um neun Uhr morgens war die Einweihung geplant. Ich war zusammen mit meinen zwei Freundinnen, Ingrid und Elisabeth, zu diesem Seminar gegangen. Wir übernachteten bei meiner guten Bekannten in Nürnberg und mussten nur acht Kilometer über die Autobahn zum Seminargebäude fahren. Aber wir hatten nicht daran gedacht, dass es in der Großstadt am frühen Morgen viel Straßenverkehr gibt. Wir standen eine halbe

Stunde im Stau und dachten schon, dass wir die Einweihung verpasst hätten. Doch dann hörte ich die Stimme von dem Meister, die mir sagte, dass sie auf uns warten werden, und das war tatsächlich so.

Wir kamen vierzig Minuten zu spät. Die ganze Gruppe hat auf uns gewartet.

Der Meister kam, unsere Blicke trafen sich, ich habe ihm in meinem Inneren gedankt, dass er auf uns gewartet hatte. Wir konnten unser Glück kaum fassen. Wir kamen in den Großen Saal und die Einweihungszeremonie begann. Der Śrī Tathāta ging persönlich zu jedem und hat uns mit dem Heiligen Wasser und Rosenblättern gesegnet. Wir saßen alle im Yoga-Sitz mit geschlossenen Augen. Ich fühlte wie er zu mir kam und meine Stirn leicht berührte. Ich sah vor meinen Augen ein blaues Licht mit goldenen Sternen, die über mich hinflogen. Das Gefühl von Harmonie und innerer Ruhe floss in mich hinein und ich spürte mit meinem ganzen Herzen eine innere Stille und Geborgenheit. Das war ein unvergessliches Erlebnis.

Nach der Einweihung kamen wir wieder auf die Straße, wir befanden uns direkt im Zentrum von Nürnberg.

Ganz in der Nähe des Seminarortes gab es einen spirituellen Buchladen, der auch Aura-Fotografie anbot. Ich wollte ein Bild von meiner Aura machen lassen, denn das letzte Aura-Foto hatte ich vor zwei Jahren in Moskau gemacht und ich wollte die Entwicklung meiner Aura sehen. Die Frau machte mit mir das Aura-Foto und schaute mich erstaunt an. Sie zeigte das Foto meinen Freundinnen. Die Elisabeth fragte, ab das ein Muster Foto sei. Die Frau zeigte auf mich und sagte, dass das das Foto von meinen Chakren ist, doch sie habe eine solche Aura-Fotografie noch nie bei jemand gesehen. Sie sagte, dass es solche Bilder nur bei spirituellen Meistern gibt und bat mich, ihr einen Segen zu geben. Ich lächelte und sagte, sie solle lieber Śrī Tathāta darum bitten bei dem wir gerade die Einweihung bekommen hätten. Aber natürlich habe ich ihr einen Segen für ihren Buchladen gegeben.

## Reise nach Indien

Die Zeit ging schnell herum und nach einem halben Jahr, ausge-
füllt mit Übungen des Dharma Snana hatte ich mich entschlossen,
eine Reise nach Indien in den Dharma Pitha Ashram von Śrī
Tathāta zu unternehmen. Meine zwei Freundinnen Ingrid und Elisabeth sind auch wieder mit mir geflogen. Wir wollten alle die Initiation in Agnie Snana von Śrī Tathāta bekommen. Der Flug
verging sehr schnell und am nächsten Tag kamen wir nach Banga-
lore. Wir mussten noch ein paar Stunden warten, bis unser Flug-
zeug nach Mangalore flog. In der Transithalle hatten wir andere
Menschen kennen gelernt, die auch zum unserem Ashram fliegen
wollten. Einer davon war Yuriy, ein Mann aus Canada, welcher
ursprünglich aus Russland ausgewandert war. Er konnte perfekt
Englisch und Russisch und ich war sehr froh, dass ich jemanden
aus meinem Heimatland getroffen hatte. Yuriy erzählte, dass in
den Ashram noch drei weitere russische Leute kommen würden.
Das hatte er von seiner Frau erfahren, die vor zwei Monaten auch
die Agnie Snana Initiation von Śrī Tathāta bekommen hatte. Nach
einer Stunde Flug und drei Stunden Taxifahrt hatten wir den Ashram erreicht. Wir bekamen ein Zimmer für drei Personen und waren sehr positiv überrascht, dass wir auch einen Balkon hatten, mit
wunderschöner Aussicht auf den Palmenwald.
Der Tag im Ashram begann schon um 5.30 Uhr. Da gab es schon
die erste Meditation, um 6.30 Uhr hatten wir ein Wasserritual bei
Sonnenaufgang mit weiterer Meditation im Tempel Dharma Pitha.
Um 8 Uhr gab es Frühstück, danach wurden Mantren gelernt.
Anschließend hatten wir Freizeit, in der wir meistens zum Strand
mit dem Taxi fuhren. Nachmittags gingen wir oft in den Tempel
Mokambika, welcher 1,5 km von uns entfernt lag, zum Beten. Um
18.10 Uhr gab es ein Ritual zum Sonnenuntergang, danach wieder
eine Meditation und Mantrasingen. Um 20 Uhr gab es Abendessen.
Mann musste nicht unbedingt alles mitmachen, jeder konnte selbst
entscheiden, an was er teilnehmen wollte. Die Atmosphäre im
Ashram war sehr freundlich, das Publikum sehr international. Die
meisten Gäste waren Franzosen, aber auch einige kamen aus

Italien, Spanien, Amerika und England, es gab ein paar Russen und ein paar Deutsche. Alle diese Menschen hatten ein besonderes Leben des Bewusstseins ausgewählt, in diesem gibt es keinen Platz für Alkohol, Tabak, Drogen und Aggression. Sie ernähren sich alle vegetarisch, sind alle lebenslustig und strahlen vor Harmonie und Glück. Das ist das besondere innere Licht, was mich damals bei meiner Begegnung mit Marion schon so beeindruckte.

Ich habe mich mit mehreren Menschen im Ashram unterhalten, und eine jüngere Frau hat mir ihre Geschichte erzählt. Sie trank früher viel Alkohol und war drogensüchtig. Nach der ersten Initiation von Śrī Tathāta in Anugraha Snana hatte sie die tägliche Praxis Sadhana gemacht. Jedes Mal, sobald sie Alkohol trinken wollte, bekam sie nach dem ersten Schluck eine starke Übelkeit bis zum Erbrechen und es ging ihr sehr schlecht. Ein halbes Jahr später hat sie die Initiation in Dharma Snana bekommen und hörte danach total mit dem Drogenkonsum auf.

Ich beobachtete von Tag zu Tag wie meine Freundinnen und ich sich veränderten. Die Gesichtsausdrücke wurden immer freundlicher und in unseren Augen erschien immer mehr ein strahlendes Licht.

Marina war unsere Übersetzerin. Sie wohnt in Paris und schreibt gerade ihre Doktorarbeit über Indische Kultur und Spiritualität. Sie erzählte mir eine Geschichte über ihren Vater. Marina ist eine junge Frau, welche vor drei Jahren die Initiation von Śrī Tathāta bekommen hatte und seitdem ein vegetarisches Leben führt. Ihre Eltern, besonderes der Vater, sind absolut nicht begeistert von dem Leben, welches ihre Tochter führt und haben immer mit ihr geschimpft.
Marinas Vater hat seine Tochter in Paris besucht, zur gleichen Zeit war Śrī Tathāta auf seiner Welttournee gerade in Paris.
Der Vater wollte Śrī Tathāta kennen lernen und ihm sagen, dass er es unter anderem absolut nicht in Ordnung findet, dass seine Tochter kein Fleisch mehr isst. Der Vater konnte sich ein Leben ohne Fleisch überhaupt nicht vorstellen. Marina hat ihren Vater Śrī Tathāta vorgestellt. Ihr Vater wollte gerade loswerden, was er

dachte, aber als Śrī Tathāta ihn ganz freundlich anschaute, konnte er auf einmal nichts mehr sagen. Der Vater faltete seine Hände, wie beim Beten und fiel auf die Knie.

Am nächsten Tag haben Marinas Vater und auch ihre Mutter ganz plötzlich aufgehört, Fleisch zu essen und sind richtige Veganer geworden. Marina war selber positiv überrascht, als sie diese Veränderungen bei ihren Eltern gesehen hatte. Sie fragte ihren Vater, warum er das getan hätte, und der sagte, dass er in Śrī Tathāta einen lebendigen Gott gesehen hätte…

Noch eine Geschichte erzählte mir die Sofi. Nach ihrer Einweichung in Agnie Snana hat sie angefangen, die Seelen von Menschen zu malen. Das gelingt ihr mittlerweile so gut, dass sie darüber nachdenkt, eine Ausstellung mit ihren Bildern zu machen.

Bei allen Menschen verändert sich nach den Einweihungen von Śrī Tathāta das Leben zum Positiven. Viele Menschen haben sich von ihren Süchten verabschiedet, viele haben einen neuen, richtigen Lebensweg gefunden.

Auch für mich war es ein besonderes Erlebnis, dass ich den Weg zu mir selbst fand, diese innere Ruhe, welche mir so gefehlt hatte. Dafür bin ich Śrī Tathāta sehr dankbar!

Nach der Einweihung in Agnie Snana fühlte ich mich wie neu geboren, die ganzen Probleme und Sorgen waren plötzlich weg, die Dualität hatte sich von mir verabschiedet.
Das war sehr ungewöhnlich, dass ich keine störenden Gedanken mehr in meinem Kopf hatte. Ich fing einfach an, das Leben so zu nehmen, wie es kommt und freute mich auf jeden Tag, einfach so, dass ich lebe.

*Auf dem Weg zum Dharma Phita, Indien*

*Vor dem Haus von Śrī Tathāta , unsere Gruppe wartet auf die Audienz mit Śrī Tathāta , Kollur, Indien*

*Der Heilige Baum in Dharma Pitha, Kollur*

*Heiliger Berg Kudajari, Indien*

*Dharma Pitha, Kollur*

# Kosmoenergetik

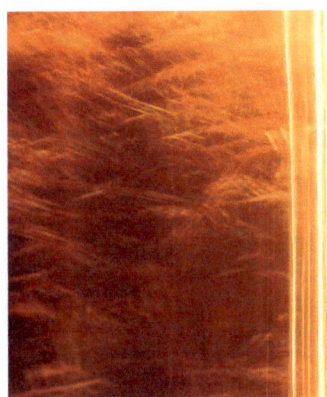

Die Wissenschaft über die Kosmoenergetik gibt es seit mehr als vierhundert Jahren, sie entstand in Indien, ist aber heute in der ganzen Welt bekannt. Sie schaut auf die Person in Bezug auf die Einheit von Geist und Körper und im Zusammenhang mit der Energie der Erde. Wissenschaftler haben einen unwiderlegbaren Beweis für diese Einheit gebracht. Aber viele von uns sind nicht an tiefschürfenden wissenschaftlichen Berechnungen interessiert, wir bitten um die praktischen Anwendungsmöglichkeiten.

Die Kosmoenergetik hat das Ziel, Krankheiten zu heilen, die Gesundheit zu verbessern, Problemlösungen zu finden und die Lebensqualität zu erhöhen.
Ist es möglich, alle diese Probleme auf einmal in diesem Bereich zu lösen? Natürlich!
Immerhin, Gesundheit, Glück und Wohlbefinden beeinflussen erheblich unser Denken und Handeln. Lernen Sie, die kosmische Energie zu steuern um sie in die richtige Richtung zu lenken, um Körper und Seele zu heilen.
In den 1990er Jahren wurde die Kosmoenergetik vom russischen Akademiker A. Petrov weiterentwickelt und in anomalen Zonen

getestet. Durch Einweihungen gab Petrov die Energien weiter und gründete dadurch die erste kosmoenergetische Schule in Russland. Was früher nur für Heilige möglich war, wurde uns somit allen interessierten Menschen zuteil.
Heute kann man viele neue Anwendungsfälle in allen Teilen der Welt aufzählen, die einen positiven Einfluss der Kosmoenergetik zeigen.

Kosmoenergetik bedeutet im Grundsatz, dass sowohl unser Körper als auch unser Geist mit den aktiven Knoten der Chakren in allen einzelnen Teilen miteinander verbunden sind.
Kosmoenergetik kann verwendet werden, um das Gleichgewicht in vielen verschiedenen Energiesystemen wiederherzustellen. Sie kann helfen, die körperliche oder seelische Leiden sowie die emotionale Probleme zu lösen. Besonderen und sehr direkten Einfluss hat die Verabreichung von Energie mit der richtigen Frequenz.

Neben der persönlichen kosmoenergetischen Therapie kann diese auch auf Objekte wie z.B. Häuser angewendet werden, um diese von negativen Kräften, die unser Wohlbefinden stören, zu reinigen. Kosmoenergetik kann auch helfen, die positive Energiebilanz in Gruppen und Unternehmen wiederherzustellen.

Ein Spezialist der Kosmoenergetik mit seinen Technologien, löst die Krankheiten nicht nur im physischen Körper, sondern auch den Grund von Krankheiten, welche sich auf den emotionalen und mentalen Ebenen vom menschlichen Körper befinden. Die Möglichkeiten von Kosmoenergetik schließen nicht nur die Heilung ein. Kosmoenergetik ist eine der produktiven Methoden der geistigen Entwicklung und der psychischen Herausforderung bestimmter Kräfte, welche in jedem Mensch stecken.

Wie steht es mit den Veränderungen in ihrem eigenen Inneren? Leben Sie in Harmonie und Glück mit den Anderen? Haben Sie eine glückliche Beziehung, Anerkennung im Beruf und Wohlstand? Sind Sie gesund und ausgeglichen? Sehen Sie jeden Tag als das Geschenk des Universums und machen das Beste daraus?

Wenn Sie auf alle Fragen mit „Ja" geantwortet haben, dann sind Sie erwacht und sollen auch den Anderen helfen ihren eigenen Weg zu finden. Die meisten Menschen schaffen dies leider nicht. Warum ist das so? Es liegt daran, dass sie nicht in Harmonie mit Körper, Geist und die Selle sind. Um das zu erreichen brauchen Sie das innere Licht, welches diese drei Komponenten ins Gleichgewicht bringt. Es gibt viele Möglichkeiten...

Der körperliche Zustand des Menschen hängt von den bioenergetischen Feldern ab, welche aus geistigen, mentalen und emotionalen Energien bestehen. Bei einer schlechten mentalen Verfassung, negativen Gedanken und Emotionen werden diese negativen Energien im Astralkörper gespeichert.
Damit werden die Energiestrukturen, wie Aura und Chakren beschädigt, was auch zu einer Schädigung des physikalischen Körpers führt. Beispiele dafür sind Autoimmunerkrankungen, Depressionen, Hoher Blutdruck, Diabetes, Krebs, Niereninsuffizienz, Rückenprobleme usw. Durch Kosmoenergie ist es möglich diese Krankheiten zu heilen .Bei kranken Menschen nimmt die Aura dunkle oder gar die Farbe Schwarz an.

Kosmoenergetik nutzt die Energie aus dem Kosmos. Diese Energie bündelt sich - um es visuell zu verdeutlichen - zu einem Strahl, welcher unseren Körper, den Geist und die Seele ins Gleichgewicht bringt. Dieser Strahl wird auch Kanal oder Frequenz genannt. Solche Kanäle/Frequenzen gibt es viele und jeder einzelne bezweckt eine andere Wirkung; somit sind manche Kanäle zur Heilung und zum Schutz des Körpers, andere zum Aufstieg der geistigen Stufen und wiederum andere zur Abarbeitung von Karma auf der seelischen Ebene gedacht.
Die Kosmoenergetischen Kanäle sind universell und wirken auf jedes Lebewesen oder Objekt mit der entsprechenden Wirkung, wie z.B.: eine energetische Reinigung von Räumen, Autos, Häusern oder anderen Gegenständen.

Kosmoenergetische Kanäle sind kosmische Energiefelder, die auf den astralen, mentalen und physischen Körper, auf Geist und Seele wirken.

73

Die Besonderheit dieser Methode ist, dass Sie Ihr Karma damit abarbeiten und Ihre Schwingungen auf eine höhere Ebene bringen können.
Jeder ist in der Lage die Kosmoenergetische Kanäle über Einweihungen zu bekommen und zu lernen, diese zu nutzen.
Bei Einweihungen werden von einem erfahrenen Kosmoenergeten die Kanäle bei den Personen geöffnet. Anschließend wird ihnen erklärt, wie sie die Kanäle nutzen können und zu welchen Zwecken sie dienen.


Die Fotos sind für die Erweiterung des Bewusstseins und wurden an verschiedenen anomalen Zonen (Kraftplätzen) aufgenommen. (siehe auch die Fotos auf den Seiten 103 und 104)

Karelien, Berg Vottovara

Karelien, Berg Vottovara

Karelie, Berg Vottovara

Moderne Kosmoenergetik ist ein universelles System zum Verständnis der Welt der Energien, welches nur auf praktischen Kenntnissen basiert. Die Basis der Kosmoenergetik ist die Energie-Einstimmung auf das externe Energiefeld, der ständig wechselnde Wohnraum des Universums, den wir den Kosmos nennen. Im Gegensatz zum äußeren Feld ist im menschlichen Unterbewusstsein ständig ein Gegenfeld betroffen - eine Wohnfläche von einem chaotischen sozialen Umfeld.

An der Kreuzung von diesen Feldern lebt und wirkt der Kosmoenerget, er ist ein Heiler und ein Krieger. Kosmoenergie war und ist ein einzigartiges System der Ausbildung von Energiekörper und Unterbewusstsein, um dazwischen eine direkte Verbindung herzustellen.

Warum verändert die Einweihung so schnell und unwiderruflich das Leben eines Menschen?

Die Basis der Überlappung ist der karmischen Kanal, der wichtigste Zugangskanal in das Leben einer Person, auf der negativen Seite. Das Wort Karma ist allerdings irrelevant für den Eingeweihten. Der Kosmoenerget befreit sich vom karmischen Zyklus und am Ende seines irdischen Weges verlässt er diesen Planeten. So lebt er ein sehr intensives Leben, voller Spaß, in dem ihm vieles leicht gelingt. Dadurch gewinnt er so viel irdische Erfahrung wie möglich.

Der Geburtskanal – ist der zweitwichtigste Kanal für den Zugang der negativen energetischen Informationen. Um diesen Zugangskanal zu neutralisieren verwendet den Kosmoenerget sein Wissen.

Eine Initiation erfolgt in mehreren Stufen. Die erste ist die „Buddhistische heilende Energieeinheit". Der nächste Schritt ist die „Magische Einheit" und danach kommt der „Magister Block".

Bei mancher Master-Einweihung passiert eine komplette Änderung der Feldenergie der Schüler. In der Zukunft wird sich deren Energiefeld vergrößern, indem sie bei der Einweihung eine Energie-

Synthese erhalten. Diese Wirkung erreichen aber nur Schüler, die bereits eine Magister-Einweihung erhalten haben.
Die Energien sind nicht nur Heilung, viele von ihnen werden angewandt, um die Situationen von Menschen zu beeinflussen, um volle magische Fähigkeiten, Kommunikation und Information auszulösen.
Alle positiven Veränderungen, wie z.b. eine bessere Arbeitsstelle, neue Liebe, glückliche Beziehung, geschehen aufgrund der Reinigung und Stärkung der Beziehungen mit der kosmischen Energie.

Wie immer, die Hingabe öffnet nur die Tür zur Bildung und zum Erwerb der kosmischen Energie. Ob ein Schüler diesen Weg gehen kann, hängt nur von ihm selbst ab. Für alle Schüler gilt, dass die Auswahl der Lehrer nur von ihren Herzen abhängen sollte und nicht mit dem Kopf zu entscheiden ist.


## *Die Chakren*

Chakren sind so genannte Energie-Zentren, die alles regeln, was im Leben einer Person passiert, die helfen, den physikalischen Zustand des Körpers auf dem höchsten Stand zu halten.

Vor langer Zeit entdeckten unsere Vorfahren, dass die Veränderung der Chakra-Struktur eine Vielzahl von Problemen, die das Schicksal der Menschen und ihre Krankheiten beeinflussen, heilen und lösen kann.

Ein Zweck der Chakren ist es, die Energien zu nehmen, zu verarbeiten, zu verteilen und zu geben. Traditionell spricht man von sieben Chakren, andere sprechen von etwa dreizehn Chakren.
In Tibet wird das sechste und siebte Chakra als ein Chakra gelesen, und Kabbalisten ordnen den Chakren zehn einzelne "Energiepunkte" zu.

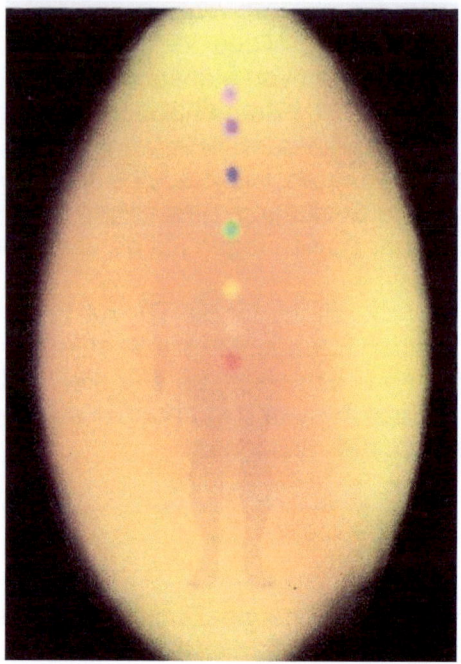

Die Hauptchakren - die berühmtesten, die sieben Körpern ent-
sprechen - haben Namen: Muladhara, Svadhisthana, Manipura,
Anahata, Vishuddha, Ajnya, Sahasrara.
1    Muladhara (Steißbein- oder Wurzel-Chakra)
2    Svadhisthana (das Sakral- oder Sexual-Chakra)
3    Manipura (Nabel- oder Solarplexus-Chakra)
4    Anahata (Herz-Chakra)
5    Vishuddha (Hals- oder Kehl-Chakra)
6    Ajnya (Stirn-Chakra)
7    Sahasrara (das Kronen- oder Scheitel-Chakra)

Werden in der Kosmoenergetik  Chakren aufgerufen, dann unterscheidet sich das nicht von der traditionellen indischen Klassifizie-
rung und um den Bezug zu erleichtern, zählt man die Chakren in
numerischer Reihenfolge - von dem ersten bis zum siebten
Chakra, von unten nach oben auf.

Es wird davon ausgegangen, dass jedes Energiezentrum eine eigene sogenannte "Zone der Verantwortung" hat, und zwar auf zwei Ebenen: der physischen und der geistigen Ebene. Jedes Energiezentrum ist mit den entsprechenden Organen unseres Körpers verbunden und ist zugleich verantwortlich für bestimmte emotionale und geistige Funktionen des Menschen.

## Die Bedeutung der einzelnen Chakren:

*1 Muladhara – Farbe Rot:* Verbindung mit den Eltern, Stamm, Überlebenskraft, materielle Sicherheit, Aktivität, Optimismus, Gesundheit, Lebensenergie, Ausdauer.
Eine Dysfunktion von Muladhara kann verursachen: Suizidversuch, Masochismus, psychische Erkrankungen, Immunerkrankungen, Diabetes, Besessenheit, Ängste, Blasenerkrankung, Infektionserkrankungen, Aggression, Hass, Pessimismus, Fußerkrankungen.

*2 Svadhisthana – Farbe Orange*: Lebenslust, Sexualität, Beziehungen, Kinder, Humor, Freundlichkeit, Geselligkeit. Eine Dysfunktion von Svadhisthana kann auslösen: Beziehungsprobleme, Kinderlosigkeit, Drogensucht, verkehrte sexuelle Orientierung, Besessenheit von Wesen aus dem Astral, Alkoholismus, Impotenz, Depressionen.

*3 Manipura – Farbe Gelb*: auf einer spirituellen Ebene - die Kraft des Geistes, Intellekt, Persönlichkeit und die Fähigkeit Entscheidungen zu treffen, logisches Denken, Verantwortung zu übernehmen, Selbstwertgefühl. Eine Dysfunktion von Manipura kann führen zu: Erkrankungen von Nieren, Leber, Magen und allen inneren Organen, Augenproblemen, Bewegungs- und Sprechstörungen, Gedächtnisstörungen, Aphasie, Amnesie, Problemen den eigenen Lebensweg zu finden.

*4 Anahata: – Farbe Grün*: die physikalische Schicht - das Herz und die Lunge, die spirituelle Liebe und Partnerschaft, Zärtlichkeit und Mitgefühl, Seelen Erfahrungen in früheren Leben, Selbstentwicklung. Bei einer Dysfunktion von Anahata können entstehen: Schuldgefühl, Einengung, Besessenheit von Dämonen, Depressionen, Herzlosigkeit, kein Selbst liebe-Gefühl, Abhängigkeit, Nicht- verzeihen-Können, sich selbst und anderen Menschen, Herz-Kreislauf- und Lungenerkrankungen.

5    *Vishuddha: – Farbe Hellblau*: Sprechen, Kreativität, Sprachen, Talente, Unabhängigkeit. Bei einer Dysfunktion von Vishuddha: Keine innere Freiheit, übertriebenes Schuldgefühl, Angst von öffentlichem Sprechen, leicht beeinflussbar von anderen Menschen, Probleme mit der Stimme, Hals- und Lungenerkrankungen, Einsamkeit, Nervenerkrankungen.

6    *Ajnya – Farbe Blau-Violett:* Harmonie in allen Bereichen des Lebens, Gleichgewicht zwischen Körper, Geist und Seele, Logisches Denken , Ausdauer, Hellsehen, Geistliche Entwicklung. Dysfunktion von Ajnya: alle Kopferkrankungen, schwere Augenerkrankungen, Verlust von Hörfähigkeit, Psychosen und Neurosen.

7    Sahasrara *– Farbe Violett, Weiß, Gold:* Verbindung mit dem Universum, Entwicklung von kosmischen Energien, Erfüllung auf allen Ebenen, Hellsehen, Hellfühlen, Hellwissen. Bei einer Dysfunktion von Sahasrara: Nekrotische Verbindungen, Besessenheit von fremden Seelen, kein Verständnis für sich selbst und für die Anderen, Konflikte zwischen Geist und Seele.

Die Größe eines Chakras zeigt, wie stark ausgeprägt die Charaktereigenschaften und Persönlichkeit des Menschen sind, außerdem sein Verhalten sowie den Zustand der Person und die körperliche Gesundheit. Und die Farbe des Chakras bezieht sich auf den Reichtum des qualitativen Inhalts des physischen und psychischen Zustands der Person.

In der Kosmoenergetik werden alle Chakren üblicherweise als Kugeln in der Farbe Gold gesehen und es wurde beschlossen, nur mit den fünf unteren Chakren zu arbeiten. Es wird angenommen, dass das so genannte "dritte Auge" (Ajnya-Chakra) und das Kronen-Chakra (Sahasrara-Chakra) die Kompetenz der höheren Mächte beinhalten, und dass diese Chakren für durchschnittliche

Personen nutzlos sind, weil sie nicht erreicht werden können. Deshalb beeinflussen die Kosmoenergetiker nur fünf Chakren direkt über deren Kanäle.

## *Energie aus der Vergangenheit holen*

Ein Kosmoenerget muss sich bei der Arbeit mit Frequenzen in einer Neutralstellung befinden, oder aber seine Gefühle beginnen, in den Prozess einzugreifen und die Frequenz zu "verschmutzen". Die Idee, die Neutralstellung zu finden ist so alt wie die Zeit. Wie oben gesagt, bedeutet der Begriff "neutrale Haltung", dass die Beziehung zwischen Kosmoenerget und Patient nicht durch Persönliches belastet wird. Unsere persönliche Beziehung besteht zu etwas oder jemand, der eine inhärente Eigenschaft unserer eigenen Persönlichkeit ist.

Lassen Sie uns betrachten: was ist die Persönlichkeit oder das Ego? Dies ist nur ein Cluster von Illusionen welche entstehen und gepflegt werden über alle Phasen des Lebens einer Person hinweg und die in all seinen Gedanken, Phantasien und Entscheidungen auf diesen Lebens-Episoden basieren. Mit diesem Cluster der Illusionen identifizieren sich Menschen zutiefst und sie führen sie in "ihren persönlichen" Alltag ein. Eine Person sendet unbewusst fast das ganze Leben lang diese Energie aus, die Ladung aus den Episoden der Vergangenheit, sein Ego.

Ähnliche Ideen wurden von den Tolteken von Don Juan und Carlos Castaneda vertreten. Sie glaubten, dass die Verwirklichung der menschlichen Freiheit den neutralen Zustand zu seiner Vergangenheit verhindert.

Ich möchte zu einem der wichtigsten Punkte der Kosmoenergetik kommen:

## Die Löschung Ihrer Vergangenheit.

Man fängt so an: Sie stellen eine heilende Musik an. Sie können eine Rute oder ein Pendel benutzen. Fangen Sie an zu zählen: von Null bis zum heutigen Alter des Patienten. Wenn der Patient z.b. vierzig Jahre alt ist, dann werden sie von Null bis Vierzig zählen. Wenn ihre Rute oder das Pendel sich positiv bewegt, dann müssen Sie den Patienten fragen: „Was war in diesem Alter, was Sie nicht vergessen können?" Z.B. gab es einen Unfall, eine Verletzung, hatte er schlechte Noten oder hatte er Angst vor seinen Eltern, oder haben seine Eltern ihn geschlagen, hatte seine große Liebe mit dem Patienten Schluss gemacht , oder war er in eine andere Stadt gezogen und hatte dort keine Freunde, oder … ??? Aber was dabei wichtig ist, ist, dass der Patient sich noch bis jetzt an das Ereignis erinnern kann, als ob es gestern geschähen wäre, und dass das Ereignis ein negatives Potenzial in sich trägt.

Ein Patient hat mir erzählt, als er drei Jahre alt war, gab's ein Feuer in seinem Wohnhaus und er wäre fast erstickt, er war bewusstlos und konnte sich später nicht mehr daran erinnern. Jetzt ist er fünfunddreißig Jahre alt und oft, wenn er sich aufregt, spürt er plötzlich eine Brustenge und er bekommt keine Luft mehr. Ich sagte ihm, er solle sich vorstellen, dass er wieder ein dreijähriger Junge ist - mit genau dem damaligen Angstgefühl, dann soll er sich so, wie es damals war, mit der Angst und diesem Erstickungsgefühl, in eine Goldene Kugel setzen. Danach solle er versuchen, sich wie Eis mit diesen Gefühlen zu verschmelzen. Er muss so verschmolzen sein, dass er das mit seiner Haut fühlen kann. Dann soll er diese Goldene Kugel nehmen - sein Kopf bleibt in der Mitte – er atmet ein, hält seine Atmung an, dreht seinen Kopf nach links, dann langsam von links nach rechts und atmet aus. Bei der Ausatmung stellt sich der Patient vor, dass er die Goldene Kugel in die Toilette schmeißt und sie hinunterspült. Danach stellt der Patient sich ein neues Bild vor. Ein Bild, das er in dieser Situation gerne sehen will, er atmet aus - der Kopf bleibt in der Mitte - dann hält er die Atmung an, dreht den Kopf nach rechts, dann, bei der Ausatmung dreht er den Kopf von rechts nach links und platziert das neu gewünschte Bild in seine Geschichte.

Wenn ein Patient sich nicht erinnern kann, weil er bei diesem Ereignis z.B. erst ein Jahre alt war, dann visualisieren wir das Problem wie in einer silbernen Kugel, d.h. anschließend stecke ich diese silberne Kugel in die Goldene Kugel und verbinde beide, alles Weitere mache ich genauso, wie ich es – oben beschrieben – mit den bekannten Problemen gemacht habe. Danach muss man die damalige Situation noch einmal in Gedanken wiederholen. Wenn das Problem sich aufgelöst hat, dann wird der Patient beim „Überspielen" seiner Erinnerungen das Gefühl haben, dass es einfach nicht seine Geschichte war, und ihn die Vergangenheit nicht mehr berührt. Das wird so sein, als ob er über jemand Fremden die Geschichte in einem Buch gelesen hätte, d.h. das negative Potenzial muss weg sein! Es muss den Patienten nicht mehr belasten! Wenn die Probleme noch nicht ganz gelöst sind, muss man später, wenn man die Zeit hat, diesen Prozess zwei oder mehrere Male alleine wiederholen.

### Der Magische Weg in der heutigen Realität

Zunehmend suchen Menschen nach Antworten auf die ewigen Fragen innerhalb der Welt der Energie. Einmal in die Welt der Energie eingetaucht, kann der menschliche Geist nicht immer angemessen reagieren, denn es gibt für ihn keine Anhaltspunkte, er ist mit der Situation nicht vertraut.
Im Gegensatz dazu weiß ein Kosmoenerget was er tut. Dieses Wissen geht weit über den Horizont der materiellen Welt, über die Grenzen von Leben und Tod, hinaus. Er kann andere Welten sehen, er weiß, was als nächstes kommt. Es ist notwendig, die Magie und den Schamanismus richtig zu verstehen.

Die wahre Magie ist nie mit einem festen Ritual verbunden, beinhaltet aber die praktische Sphäre der Nutzung. Die wirkliche Magie ist immer der Weg vom Leben in eine andere Realität und zurück. Es entstehen immer neue Erfahrungen und Rituale, alles ist hier und jetzt, eine spontane kreative Matrix des Universums. Alles funktioniert nur in der Zeit der Ewigkeit, keine Vergangenheit, keine Zukunft, sie leben nur im Heute und Jetzt. Nur auf diese Weise eröffnet sich die Welt der absoluten Energie. In der Kosmoenergetik gibt es keine Konzepte!

Beim Karma gibt es das Konzept der Vererbung, aber mit dem richtigen Training lässt sich diese Last aufheben.

Moderne Technologien ermöglichen es, mit Kosmoenergetik ein vollständiges Bild der Visionen von Energie zu bekommen, ohne die Hilfe von Halluzinogenen, und diese Wahrnehmung ist nicht chaotisch und es handelt sich um einen abgeschlossenen Vorgang. Man ist in der Lage, die Energien durch eine solide Arbeit zu korrigieren und dies in Harmonie und im gleichen Rhythmus mit der Natur.

Schamanen, Priester, alle Lehrer des Wissens verwenden Musikinstrumente. „Spezialwerkzeuge" von Schamanen sind die Harfe, und das Tamburin (Jäger der Geister). Die Arbeit mit ihnen ist nur im vollen Bewusstsein möglich, durch den inneren Kern.

Beim Arbeiten lehrt man die Meditationstechniken an einem offenen Feuer und/oder an der Sonne. Mit der Methode der Konzentration kann man besondere Bilder, z.B. Kraftorten, Lichtwesen oder feurigen Wesen beobachten. Diese Erzeugung von Bildern durch hohe Konzentration ist eine schnelle Technologie, das Bewusstsein zu erweitern.

Nach dem Erwerb der Master-Einweihungen in alle Frequenzen des Buddhistischen und Magischen Blocks, verschwindet die Rolle des Schülers. Aber das Wissen von der Kosmoenergetik ist damit noch nicht zu Ende.

Es gibt zusätzlich die Einweihungen in Themen wie: Egregorianischer Zoroastrismus, die Praxis der Meditation „Goldene Blume", Raumgeometrie, Kanäle von Block Hutta, Energie-Synthese, kosmischen Symbiose, und der Matrix.
Diese zusätzlichen Master-Einweihungen ermöglichen Ihnen den Weg des „Kriegers" zu gehen. Das bedeutet: Sie haben nichts

mehr - keinen Stolz, keinen Neid, keine Wut, keine Freude. Sie sind neutral, Sie sind eine „Null", Sie sind transparent für alle negativen Energien - vier Richtungen, vier Energien: Innere Sauberkeit, körperliche Reinheit, die Reinheit des Wissens, und die Klarheit des Geistes.

## Meine eigenen Erfahrungen mit der Kosmoenergetik

### Fremde Seelen

Es war ein sonniger Sommertag. Ich hatte mir vorgenommen ein Seminar über Kosmoenergetik zu besuchen. Kosmoenergetik bedeutet im Grundsatz, dass unsere Körper und Geist mit den aktiven Knoten der Chakren in allen einzelnen Teilen verbunden sind. Kosmoenergetik kann verwendet werden, um das Gleichgewicht in vielen verschiedenen Energiesystemen wiederherzustellen.
Sie kann helfen, körperliche oder seelische Leiden sowie emotionale Probleme zu lösen.
Ich beschäftige mich schon seit vielen Jahren mit Esoterik. Als Physiotherapeutin interessiere ich mich für alles, was den Menschen helfen kann gesund zu bleiben. Ich wollte unbedingt ein Seminar zum Thema Kosmoenergetik besuchen und suchte mir ein besonderes Seminar aus: dieses Seminar musste etwas Besonderes werden, weil der große Kosmoenergetik-Meister aus Moskau (ein Schüler von Petrov) eingeladen war, das Seminar zu leiten. Er war nur 2 Tage in Frankfurt/M., weil er danach eine Tournee nach Amerika plante.
Von der kleinen Stadt in die Bergen, wo ich wohne, bis nach Frankfurt ist es eine weitere Strecke, die ich nicht alleine fahren wollte. Deshalb überredete ich meine Freundin Elisabeth mit zu kommen. Elisabeth arbeitet selbstständig und hat eine eigene Schneiderei. Vom vielen Arbeiten hat sie oft Rückenschmerzen. Von Kosmoenergetik hatte sie noch nie etwas gehört, weshalb sie nun erfahren wollte, was dies überhaupt war. Der Mann von Elisabeth war jedoch nicht so begeistert, dass seine Frau wegfuhr

und ihn mit den zwei Kindern allein ließ. Im Endeffekt aber hat sie ihn überredet und begleitete mich zum Seminar.

Elisabeth ist sehr gute Fahrerin und kannte die Strecke nach Frankfurt, deshalb ließ ich mein Navi zu Hause. Die Fahrt verging sehr schnell, da wir uns viel zu erzählen hatten und wir erreichten Frankfurt ohne Probleme.

Das Seminar dauerte zwei Tage. Die Atmosphäre war sehr freundlich und gelassen. Am Ende von dem Seminar gab es die zeremonielle Einweihung und eine zusätzliche Heilungsmeditation. Elisabeth wollte unbedingt an dieser Meditation teilnehmen, weil sie schon lange Rückenschmerzen und Verspannungen hatte.

Wir beschlossen zu dieser Meditation zu bleiben, womit auch die eigentliche Geschichte begann.

Der Meister hat alle gewarnt, dass es mit Öffnung der Energie-Kanäle dazu kommen könnte, dass alle Blockaden, die wir seit vielen Jahren in uns aufgebaut hatten, sich anfangen werden zu lösen. Es könnte dazu kommen, dass einige Teilnehmer anfangen sich zu bewegen, oder zu weinen, oder zu lachen. Jeder reagiere unterschiedlich, jeder solle sich nur auf seine innere Welt konzentrieren und nicht schauen, was der Nachbar gerade macht, sonst könnte es gefährlich werden. Deswegen sollten sich alle einen Platz im Raum suchen, wo sie sich wohlfühlen, dann sollten sie sich hinstellen, die Augen schließen und nur bei sich bleiben.

An dieser Meditation nahmen 30 Menschen teil. Zu ihnen gehörte auch eine Frau, die sich durch komische Verhaltensweisen wie: Bellen, Heulen und Grunzen bemerkbar machte. Dieses Verhalten kam genau in dem Moment zum Vorschein als der große Meister mit seinen Energien die Kanäle der Frau öffnete.

Elisabeth fand den Anblick dieser grunzenden Frau sehr belustigend und erheiterte sich auf Kosten der Frau. Elisabeth war von Natur aus eine heitere Person, die sich normalerweise nicht zu Schadenfreude hinreißen ließ, doch in diesem Falle verstanden die höheren Kräfte keinen Spaß.

„Stell dir vor, ich würde so grunzen wie die da." Sagte Elisabeth leise zu mir und lachte lauter und lauter bis das Lachen schon mehr gezwungen als erheitert klang. Ich hatte sie noch gewarnt sich nicht über die Frau lustig zu machen und sich nur auf sich selbst zu konzentrieren, aber sie hörte mir nicht zu. Plötzlich war

Elisabeth diejenige, welche sich im Mittelpunkt des Geschehens wiederfand. Elisabeths Lachen nahm nun einen tiefen Bass-Klang an, der einem wahnsinnigen Mann ähnelte. Zudem begann sie Gymnastikübungen, wie z.B. eine Brücke und den Yogasitz auszuführen. Ihr Lachen schlug nun in einen Dialog mit einer unsichtbaren Person um und sie stieß wirre Sätze und Phrasen aus. Insgesamt bot sie den Anblick einer Wahnsinnigen. Währenddessen hatte sich die anfangs grunzende und bellende Frau gefangen, und blickte verwundert, so wie auch die anderen Teilnehmer, auf Elisabeth. Es hatte den Anschein dass die Energien von der grunzenden Frau nun auf Elisabeth übergegangen waren. Aber wie konnte so etwas überhaupt passieren?

Diese Frage erklärte mir der Meister und sagte, dass man nur das zeigen kann, was man selber in sich hat; das heißt, das die Energiefrequenz von Elisabeth in dem Moment als sie über die grunzende Frau gelacht hat, identisch war mit der Energiefrequenz der bellenden Frau. Dadurch hat sich Elisabeth die Geister eingeladen, bzw. die Geister gerufen (wie man sagt). Die andere Frau war nämlich von diesem Moment an beschwerdefrei und ließ keine tierischen Laute mehr von sich.

Die Wahrscheinlichkeit, dass so etwas passieren könnte war eins von Tausenden. Der Meister wusste zwar von diesem Phänomen, sagte aber, dass er es noch nie in seinem Leben erlebt hatte. Der große Meister widmete sich nun intensiv Elisabeth und schaffte es ihren Zustand wieder einigermaßen auszugleichen. Das einzige wofür ihm nicht die Zeit reichte, da er in Kürze nach Los Angeles fliegen musste, war die Korrektur der männlichen Bass-Stimme.

Deshalb riet ihr der Meister, jeden Tag die Kosmoenergie-Kanäle zu öffnen, damit die fremde Seele, welche nun in ihr hauste, aus ihr entweichen würde. Eine zusätzliche Alternative wäre es, einen Kraftplatz aufzusuchen an welchem ein erfahrener Kosmoenerget Elisabeth die fremde Seele austreiben würde.

Ohne weitere Zeitverzögerung war das Seminar beendet und der Meister verließ Elisabeth und mich. Nun aber stellte sich die Frage: Wie sollte Elisabeth in diesem Zustand Auto fahren?

Elisabeth war viel zu erschöpft, um zu später Stunde, bei regnerischem Wetter und in dieser Situation Auto zu fahren. Also musste ich mich ans Steuer setzen. Ich kannte mich in Frankfurt überhaupt nicht aus, aber Elisabet sagte, sie würde mir den Weg zeigen. Nach geraumer Zeit und bei strömendem Regen erreichten wir die Autobahn 66. Der Regen war inzwischen so stark, dass kaum etwas zu sehen war. Nach weiteren zehn Minuten Fahrt erschien ein Weghinweisschild Richtung Hannover. Ich wusste ganz genau, dass dies nicht auf unserem Weg lag. Elisabeth sagte jedoch nur: „Fahr weiter, ich kenne den Weg." und lachte mit ihrer immer noch männlichen Stimme, „Fahr weiter, auf der Autobahn 66, das ist mein Liebling." Da wir bald tanken mussten, fuhr ich von der Autobahn zur nächsten Tankstelle hinunter.

„Wir müssen Tanken" sagte ich zu Elisabeth. Während Elisabeth im Auto wartete ging ich in die Tankstelle um zu bezahlen. Nebenbei frage sie den Tankwart ob wir auf dem richtigen Weg seien.

„Sie fahren in Richtung Hannover, das ist vollkommen verkehrt. Sie müssen zurück und dann Richtung Fulda." riet der Tankwart.

„Was soll ich machen? „ dachte ich mir und rief ihren Mann an.

„Wo bist Du? Es ist kurz vor Mitternacht, Du solltest schon vor zwei Stunden da sein?"

Ich versuchte ihrem Mann zu erklären, dass Elisabeth nicht fahren konnte und dass wir uns verfahren hatten. Zudem sagte ich ihm, dass Elisabeth immer die falsche Richtung angab.

„Die Märchengeschichten kann ich selber erzählen, das kannst du dir sparen. Amüsiert euch doch weiter in Frankfurt." sagte er und legte den Hörer auf.

Das war keine große Hilfe, dachte ich und stieg wieder ins Auto ein. Elisabeth hatte sich inzwischen auf die Rückbank gesetzt und machte es sich nun dort bequem. Bei der nächsten Abfahrt fuhr ich von Autobahn 66 herunter worauf Elisabeth mit ihrer männlichen Bass-Stimme schrie: „Zurück auf die Autobahn 66!", doch ich fuhr weiter und spürte, wie die Hände von Elisabeth durch die Kopfstütze meinem Hals immer näher kamen.

Die Autobahn 66 zu verlassen war in dem Fall nicht die beste Wahl, doch es blieb mir nichts anderes übrig um nach Hause zu kommen. Es hatte den Anschein, dass ich mit einer besessenen Freundin Elisabeth im Auto saß, die Versuche machte mich zu erwürgen. Von Besessenheit fremder Seelen hatte ich schon einiges gehört, hatte aber selbst noch keine Erfahrung damit gemacht. „Jetzt war die Zeit gekommen sich damit näher zu befassen." dachte ich. „Wichtig ist keine Angst zu haben und zu beten.

„Vater unser im Himmel…" sprach ich laut. Auf einmal ließ Elisabeth ihre Hände von meinem Hals sinken und fing nach geraumer Zeit des Betens an zu schnarchen. Glücklicherweise kannte ich viele Gebete auswendig, was für zweieinhalb Stunden Fahrt ausreichte.

Am nächsten Morgen, holte Elisabeths Mann seine Frau nach Hause. Elisabeth schien sich von der anstrengenden Fahrt wieder erholt zu haben, doch bald ging der Zirkus wieder los. Sobald Elisabeth ihre Kanäle öffnete, fing sie mit der männlichen Bass-Stimme zu sprechen an. Der ganze Körper fing an ihr zu schmerzen. Sie begann erneut mit jemand Unsichtbarem zu sprechen. Mal lachte und mal weinte sie. Ihr Mann war sprachlos als er sah, was mit Elisabeth geschah.

Elisabeth schien nach einiger Zeit mit neuen „Mitbewohnern" gut klar zu kommen. Sie konnte die in ihrem Inneren Wohnenden sehen und mit ihnen kommunizieren.

„Wer sind sie?" fragte Elisabeth die Geister. „Es gibt nicht nur einen. Wir sind eine Legion." antworteten sie. Elisabeth hatte gar keine Angst und fand es sogar interessant. Jeden Tag öffnete sie ihre Kanäle und sprach mit ihrer Legion. Diese Geister sagten, dass Elisabeth sie selber herbeigerufen hatte, als sie sich über die andere Frau bei der Meditation lustig gemacht hatte. Jetzt würden sie bei Elisabeth bleiben wollen.

Ich wollte Elisabeth unbedingt helfen, aber wusste noch nicht genau wie? Dann kam unser Familienurlaub nach Ägypten.

## *Reise nach Ägypten*

Ich hatte schon meine ersten Erfahrungen mit der Kosmoenergetik
gesammelt und wollte einen Urlaub mit meiner Familie in Ägypten
machen. Das war Mitte Juli und in dieser Zeit ist es in Ägypten
sehr heiß. Unser Urlaubsziel war damals Hurghada.
Den Ort kannte ich sehr gut, und fühlte mich dort immer wohl.
Dieses Mal hatte ich auch meine Freundin Ingrid mitgenommen.
Der Urlaub dauerte zwei Wochen und wir hatten genug Zeit uns
dort zu entspannen. Ich bin ein Frühaufsteher und genieße immer
die Morgenstunde.  Früh stehe ich auf, wenn alle noch schlafen,
nehme Handtücher für den Strand mit  um unsere Liegestuhle
direkt am Meer zu reservieren, und versuche immer den Sonnenaufgang nicht zu verpassen.  Beim Sonnenaufgang ist immer die
stärkste Energie des Tages, alle Heiligen und spirituelle Menschen
genießen ihn um Sonnenenergie zu tanken. Am fünften Tag
unseres Urlaubes stand ich wie immer früh auf, nahm unsere
Handtücher und ging Richtung Strand.
So früh ist selten jemand dort, nur die wenigen, die am Meer
entlang rennen. Ich legte unsere Handtücher auf die Liegen und
ging zum Meer. Ich machte meine Frühgymnastik nach dem Buch
„Fünf Tibeter", das ich sehr gut finde und fing an mit Gebeten und
anschließend machte ich eine Meditation. Bei der Meditation
öffneten sich meine inneren Fenster und ich sah einen Mann in
weißer Kleidung mit einem weißen Turban auf dem Kopf.
Die Figur kam immer näher zu mir und auf einmal hörte ich seine
Stimme: „Sie werden am Freitag erwartet." „Wo?" fragte ich
innerlich. Nach einer Pause sagte mir die Stimme nur ein Wort:
„Luxor", und die Erscheinung war wieder weg, als wäre nichts
passiert. Am
diesem Tag war Mittwoch, das heißt: in zwei Tagen, dachte ich.
Aber warum Luxor, und wer wird dort auf mich warten? Ich
versuchte wieder meinen inneren Fernseher zu aktivieren, aber
das funktionierte nicht mehr. Den Mann mit dem weisen Turban
hatte sich von mir verabschiedet ohne mir weitere Anleitungen zu
geben. Nach dem Frühstück erzählte ich Ingrid über den Besucher
mit dem weißen Turban und fragte sie um ihren Rat. Sie meinte,

wir sollten den Ausflug nach Luxor machen und wir haben ihn daraufhin für den kommenden Freitag gebucht.

Die Exkursion ging nach Luxor mit Besuchen von vier verschiedenen Tempeln. Ich wusste aber noch nicht, in welchem ich „erwartet." werden würde. Am Freitag war es sehr heiß. Das Thermometer stieg auf 47 Grad im Schatten.

Der Reiserleiter warnte die ganze Gruppe, dass jeder mindestens vier Flaschen Wasser dabei haben müsste. Bei einer solchen Hitze fängt die Haut in der Sonne so zu „brennen" an, dass man sich mit dem Wasser erfrischen und es einfach über den Kopf gießen muss, damit man nicht in Ohnmacht fällt.

Um elf Uhr morgens hatten wir die erste Tempelanlage erreicht. Wir bekamen eine schöne Führung durch den Tempel und unser Reiseleiter gab uns noch vierzig Minuten Freizeit zur selbständigen Besichtigung, dann sollten wir uns wieder bei dem Reisebus treffen. Mir war zu heiß und ich bat Ingrid, mir eine Flasche Wasser über den Kopf zu schütten, da ich das Gefühl hatte, dass ich sonst umfallen werde vor Hitze. Ingrid machte es und das Wasser spritzte von meinem Körper auch an die Heiligen Säulen.

Plötzlich stand direkt von mir ein Mann mit einem blauen Turban. Er sagte zu Ingrid auf Englisch, dass sie nicht das Wasser auf die heiligen Säulen spritzen solle. Sie entschuldigt sich und erwiderte, dass es einfach zu heiß wäre. Der Mann blieb stehen und schaute mich an. Ich hatte das Gefühl, er wollte mir etwas sagen.

Ich fragte ihn, ob es in dem Tempel noch etwas Besonderes gäbe, was wir anschauen könnten. Der Mann nickte mit dem Kopf und zeigte in die Richtung wo die großen Schilder „Betreten verboten „ hingen. Er erklärte, wir müssten in dieser Richtung noch ca. vierhundert Meter laufen. Der Mann ging voran und gab uns Zeichen ihm zu folgen.

Wir folgten ihm und nach ein paar Minuten erreichten wir eine kleine Kapelle, welche hinter einer großen Wand versteckt war. Der Mann blieb beim Eingang stehen und wartete. Zwei Minuten später ging die Tür der Kapelle auf und zwei Männer mit weißen Turbanen und weißer Kleidung kamen auf uns zu.

Ich erkannte in einem von ihnen den Mann, den ich während meiner Meditation gesehen hatte. Er schaute mich an und sagte, dass ich erwartet werde. Daraufhin führte er mich in ein enges Zimmer, welches in der Decke ein quadratisches Loch aufwies.

Er stellte mich darunter und wies auf die Uhr. Dabei sagte er, dass es fünf Minuten vor zwölf sei und dass in fünf Minuten die Sonne - in der Decke des quadratischen Raums - im Zenit stehen würde. Ohne große Umschweife begann er Gebete zu sprechen. Währenddessen nahm er meine Hand und legte sie auf verschiedene Wandmalereien. Als es zwölf wurde, fielen die Sonnenstrahlen auf mich herab und ich sah einen Energiestrahl, welcher in mich hineinfloss. Dabei konnte ich die verschieden Farben des Regenbogens wahrnehmen, die den ganzen Raum beleuchteten.
In diesem Moment erwachten die Bilder der Wandmalereien zum Leben und bewegten sich langsam. Diese Zeremonie dauerte ungefähr eine halbe Stunde. Als sie beendet war sagte der Mann, dass es noch so eine Kapelle in Assuan gäbe. Dort solle ich eine weitere Einweihung bekommen, aber bis dahin würden noch einige Jahre vergehen. Ich fragte ihn warum er dieses Ritual mit mir durchgeführt habe, worauf er erklärte, dass jedes Jahr Menschen aus verschiedenen Ländern ausgesucht würden um diese Einweihung zu erhalten. Diese ausgewählten Personen werden von höheren Kräften zu diesem heiligen Platz geführt. Die

Leute, die diese Einweihung erhielten, hätten eine bestimmte Mission zu erfüllen. Ich bedankte mich bei dem Meister. Im darauf folgenden Moment traf Ingrid ein und erinnerte daran, dass es höchste Zeit war zu gehen, denn wir hatten schon eine halbe Stunde Verspätung und wir wussten nicht, ob die Reisegruppe auf uns gewartet hatte.

Der Mann mit dem weißen Turban überreichte mir zum Abschied eine Münze und sagte, dies sei eine besondere Münze, welche mit Sonnenenergie geladen wäre. Wenn man sich längere Zeit auf diese Münze konzentrierte, fing die Gravur der Münze an sich zu bewegen. Mit Hilfe dieser Münze konnte man somit immer einen Kontakt zu diesem Kraftplatz herstellen. Ich bedankte mich bei dem Mann und wir verließen im Eilschritt die Kapelle, um noch unseren Bus zu erreichen.

Auf dem Rückweg kam uns winkend der Reiseleiter entgegen.

„Da seid ihr ja! Ihr seid schon ganze vierzig Minuten über der Zeit. Wir wollten schon ohne euch losfahren!"

Wir stiegen in den Bus ein, glücklich darüber, dass uns das Universum nicht hängen gelassen hatte.

Unsere Fahrt ging weiter zum nächsten Tempel. Als wir wieder eine Pause machten und Freizeit hatten, fragte Ingrid was wir besichtigen sollten? Plötzlich tauchte ein einheimischer Mann auf, der uns bat ihm zu folgen. Er führte uns in einen für Touristen normalerweise verbotenen Bereich, wo er uns Wandmalereien zeigte. Ich dachte mir, dass es schön wäre, ein Foto von diesen Malereien zu machen. Plötzlich drehte sich der Mann zu mir um und sagte ich könne diese Malereien fotografieren.

Ich stimmte zu und gab Ingrid den Fotoapparat. Den Mann bat ich, sich mit auf das Bild zu stellen. Einfach nur deshalb, dass ich für mich einen Beweis hatte, dass alles was geschah auch real war.

Zum Abschluss unseres Ausflugs besuchten wir das Tal der Könige. Dort hörte ich eine Stimme, welche mir mitteilte, dass ich nicht hinein gehen sollte. Ich sagte dem Reiseleiter, dass ich mich wegen der Hitze nicht wohl fühlte und das Tal der Könige nicht besichtigen werde.

Wir blieben mit Ingrid im Bus sitzen und warteten eine Stunde bis die Gruppe zurückkam. Unsere Busfahrer wartete zusammen mit uns und wir haben uns über verschiedene Themen unterhalten. Er erzählte, dass er aus einer Beduinenfamilie stammte und aus den Händen von Menschen lesen könne. Ich antwortete ihm, dass ich das auch kann, und wir haben unsere Erfahrungen ausgetauscht.

Danach verriet er mir ein Geheimnis. Er sagte, dass alle Exkursionen so geführt werden, dass man das Tal der Könige zum Schluss besucht, und dass ich es richtig gemacht hätte nicht zu die Gräben gegangen zu sein. Er erklärte mir weiter: die positive Energie, die wir in den anderen drei Tempeln bekamen, wird an dieser Stelle wieder zurückgegeben. Das bedeutet, dass die Touristen am Ende dieses Ausflugs das gleiche energetische Potenzial haben mit welchem sie angekommen sind.

Jetzt habe ich verstanden, warum die Stimme mir gesagt hatte, dass ich nicht dahin gehen soll... Ich habe dem Universum dafür herzlich gedankt.

## *Meine zweite Reise zum Heiligen Tempel*

Ich machte einen weiteren Urlaub in Ägypten, mit dem Ziel, einen Kraftplatz für Elisabeth zu finden, sowie es ihr der Meister gesagt hatte.
In Ägypten angekommen, haben wir beide einen Ausflug gebucht, zu einem bekannten Tempel, in welchem ich früher schon eine Initiation bekommen hatte.
In diesem Kloster angekommen, begrüßten uns Mönche und führten uns zu dem Kraftplatz, wo die Energien am stärksten waren.

Wir kamen zu einem Platz, wo sich ein geschlossenes steinernes Portal befand, in welchem sich sieben weitere eingemeißelte Portale befanden. Die Mönche sagten, diese sieben Türen seien eine von vielen Verbindungsstellen zu anderen Welten.

Sie stellten Elisabeth in das steinerne Portal und schickten mit Hilfe der Kosmoenergetik Elisabeths „Legion der fremden Seelen" durch das Portal irgendwo anders hin. Wohin, das war ihnen in diesem Moment jedoch egal.
Nach dieser Prozedur war Elisabeth frei von ihren fremden Mitbewohnern. Doch nachdem sie diese los war, konnte sie sehen, was sie vor kurzem noch selber hatte. Sie sah nämlich auch Mitbewohner anderer Menschen, wie zum Beispiel bei einer Gruppe von tätowierten Touristen, welche uns auf dem Rückweg begegnete. „Das was sie auf ihrer Haut haben, haben sie auch in sich." sagte Elisabeth und deutete auf einen Mann mit tätowiertem Totenkopf.

Diese Geschichte brachten Elisabeth und mir neue Erfahrungen, welche wir zu nutzen wussten. Elisabeth kann nun auch Menschen erkennen, die genauso betroffen sind wie sie es war.
Ihr gelingt es jetzt auch, diese Mitbewohner aus anderen Menschen zu verjagen.

## Meine erste Begegnung mit einem Schamanen

Nachdem ich mich mit Kosmoenergetik einige Zeit beschäftigt hatte, wollte ich weiter gehen.

Emil Bagirov hatte auf seiner Welttournee seine Reise nach Deutschland verschieben müssen.

Es sollte doch aber ein anderer Schüler Petrovs greifbar sein!
Ich konnte und wollte nicht warten! In dieser Zeit las ich gerade ein interessantes Buch über Astrologie, geschrieben von Naina Wladimirowa. Diese Autorin ist eine ausgemachte Expertin für esoterische Fragestellungen und hat schon mehr als 30 Bücher veröffentlicht. Ich stellte fest, dass auch sie bei Petrov Kosmoenergetik gelernt hatte. Zum Glück war in dem Buch ihre Telefonnummer vermerkt, so dass ich in der Lage war, sie zu kontaktieren. Ich überlegte insofern nicht lange und wählte ihre Moskauer Nummer. Zu meinem allergrößten Erstaunen hatte ich schon nach kurzem

Anklingeln die Autorin höchstpersönlich am Telefon. Sie hörte sich mein Anliegen an und konnte mir die Nummer einer mir bis dahin unbekannten Petrov-Schülerin geben. Da mich das nicht befriedigte bohrte ich weiter, bis ihr plötzlicher Waldemar einfiel, der noch dazu in Deutschland lebte. Sie meinte allerdings, dass ich Waldemar gleich wieder vergessen könne, da dieser keine Ausbildung mehr anbiete.Trotzdem gab sie mir seine Telefonnummer.

Eine innere Stimme sagte mir, dass dieser Waldemar genau der Richtige für mich wäre; trotzdem meldete ich mich zunächst bei der mir unbekannten Dame. Während des Telefonats sprang der Funke jedoch nicht über, so dass ich die Gewissheit bekam, dass ich diesen Waldemar auf jeden Fall würde anrufen müssen.

Ein paar Tage später war ich mutig genug, dies zu tun.
Er meldete sich eher abweisend mit seinem Nachnamen. Ich begann das Gespräch auf Deutsch, ging aber sehr bald auf Russisch über und hatte ihn dann eine geschlagene Stunde am Telefon.

Ich erzählte ihm von meinen Bemühungen, einen Lehrmeister zu finden und schließlich hatte ich ihn "weichgeklopft". Er war schließlich bereit, mir eine Einweihung in einer Frequenz zu geben.
Dies sollte allerdings nur um Mitternacht im Wald möglich sein.
Voraussetzung sei außerdem mein unabdingbarer Wille hierzu.
Er bestellte mich noch für den Samstag derselben Woche; ich sollte Punkt 23 Uhr bei ihm sein. Meine Frage, ob ich eine Freundin mitbringen dürfe, beantwortete er mit „Ja"; ich brauchte schließlich einen Chauffeur, da ich ans andere Ende Deutschlands fahren musste.

Nach dem Telefonat war ich regelrecht aufgeputscht. Mein Gesicht war feuerrot und brannte. Sogar übers Telefon hatte ich Waldemars Energie gespürt. Am nächsten Tag informierte ich meine Freundin Ingrid darüber, dass wir eine Audienz beim Kosmoenergetik-Meister und Schamanen hätten.

Ingrid war eine wirklich gute Freundin, sie war die Tagesmutter meiner kleinsten Tochter. Ohne ihre Hilfe hätte ich meine Ausbildung zur Physiotherapeutin nicht abschließen können. Ich hatte so großes Vertrauen zu Ingrid, dass ich mein Kind schon mit acht Wochen in ihre Hände gab. Für mein erstes Treffen mit Waldemar konnte ich mir keine bessere Begleiterin wünschen als Ingrid.

Der besagte Samstag war ein herrlicher Sommertag, wir hatten einen wolkenlosen Himmel bei 28 Grad. Um 16 Uhr kam Ingrid mit ihrem Jeep vorbei. Ich stieg zu und das Abenteuer begann.
Die sechs Stunden Autofahrt führten uns in den Norden, wo die Gegend immer flacher wurde. Als unser Navigationsgerät noch eine halbe Stunde Fahrt anzeigte änderte sich plötzlich das Wetter. Wir fuhren geradezu in eine Gewitterwand. Der Himmel war rabenschwarz und von Blitzen durchzogen. Unser Navigationsgerät gab seinen Geist auf, als wir gerade in eine Siedlung eingebogen waren. Es ging ein derartiger Wolkenbruch nieder, dass unsere Scheibenwischer ihren Dienst versagten.

Es mochten vielleicht 300 Meter bis zu Waldemars Haus gewesen sein, aber wir fanden den Weg nicht. In meiner Not rief ich Waldemar an, der mir versprach, uns entgegen zu fahren. Ich zerbrach mir den Kopf darüber, wie wir in unseren Sommerfähnchen und Schlappen bei diesem Wetter in den Wald gelangen sollten. Schließlich lotste uns Waldemar zu seinem Haus, das wunderschön gelegen war mit einem großen Rundbeet vor dem Eingang. Hierfür hatten wir bei unserer Ankunft jedoch kein Auge, da wir lediglich bestrebt waren, einigermaßen trocken ins Haus zu kommen.

Dort hatte ich endlich Gelegenheit, Waldemar in Augenschein zu nehmen. Er wirkte auf mich wie aus einer anderen Zeit kommend, mit seinem Rauschebart und seinen funkelnden blauen Augen. Mich beschlich allerdings ein ungutes Gefühl als ich daran dachte, dass wir doch eigentlich um Mitternacht im Wald sein sollten, auf diesem sogenannten Teufelsberg. Wie sollte das bei diesem Wetter funktionieren?

Waldemar merkte mir meine Unsicherheit an und fragte fast belustig, ob ich Angst vor Gewitter hätte. Selbstverständlich hatte ich

Angst! Aber in diesem Moment wollte ich nicht als Angsthase dastehen. Waldemar fing an, irgendwelche Sachen einzupacken.
Diese sollten wir auf dem Teufelsberg brauchen.

Ingrid befiel auch dieser leichte Schauder. Sie fand die Idee, unter
diesen Bedingungen in den Wald zu fahren, auch nicht anhei-
melnd. Ich wollte jedoch die sechs Stunden Autofahrt nicht umsonst auf mich genommen haben und zwang mich, positiv zu denken. Hatte nicht Waldemar besonders hervorgehoben, dass es auf
meinen unabdingbaren Willen ankomme? Den konnte ich unmöglich vom Wetter beeinflussen lassen! Wie konnte ich ihn besser
unter Beweis stellen als dadurch, bei Blitz und Donner in den Wald
zu gehen?
Wenig später saßen wir in Waldemars Auto. Er eröffnete uns unvermittelt, dass wir unterwegs noch jemanden aufnehmen
würden. Schon im nächsten Moment bremste er und hielt an.
Eine Frau öffnete die Wagentür und stieg nach kurzem Gruß ein.
Bei dieser Frau hatte ich sofort das Gefühl, dass sie durch mich
hindurchschauen konnte; sie hatte eine Art Röntgenblick (was sich
später bestätigen sollte).

Sie machte sogleich eine passende Bemerkung zum Wetter. Ich
konnte mir die Frage nicht verkneifen, ob sie dieses Unwetter bestellt habe. Darauf meinte sie, dass dem nicht so sei, vielmehr
hätte ich es mitgebracht.

Nach einer knappen halben Stunde waren wir auf dem Plateau
des Teufelsbergs angekommen. Es war mittlerweile stockfinster,
regnete aber immer noch. Auch das Gewitter hatte sich noch nicht
komplett verzogen. Waldemar ließ uns aussteigen, da der Rest
des Wegs nur zu Fuß zu bewältigen war. Er zog eine Taschenlampe hervor und ging los. Uns blieb nichts anders übrig, als ihm
zu folgen. Es war jetzt eine halbe Stunde vor Mitternacht und
durch den Regen hatte sich die Luft merklich abgekühlt. Wir gingen bergan, quasi dem Gewitter entgegen.

Im Lichtkegel der Taschenlampe erkannte ich schließlich einen
überdachten Rastplatz. Dort hielten wir an und Waldemar packte

seine zwei schwarzen Säcke aus. Jetzt erfuhren wir auch endlich, wer unsere Mitfahrerin war. Es war Erika, Waldemars Frau, die dabei half, die Schamanen-Utensilien auszupacken: Trommel, Axt, Federn und Kerzen. Letztere wurden angezündet.

Ich spürte in diesem Moment, dass es ernst wurde. Waldemar fragte mich ein letztes Mal, ob ich bereit sei für die Einweihung und bedeutete mir, ihm zu folgen. Erika und Ingrid blieben auf dem Rastplatz zurück.

Nach fünf schweigsamen Minuten blieb Waldemar stehen. Wir waren auf dem Kraftplatz angekommen. Das war der Ort, wo die Verbindung des Himmels mit der Erde stattfand. Hier fing Waldemar an, seine Trommel im Rhythmus zu schlagen. Ich musste nur mit geschlossenen Augen dastehen.

Kaum hatte die Trommel angefangen zu schlagen, bekam ich ein Gefühl als ob meine Beine den Dienst versagen wollten. Waldemar legte mir seine Hand auf die Brustbein-Region und meine Gedanken entglitten vollkommen. Ich hatte ein Gefühl der Entfremdung. So musste es sich für einen Verurteilten angefühlt haben, wenn er auf der Guillotine stand! Ich erwartete quasi meine bevorstehende Enthauptung und malte mir in den wildesten Farben aus, was man anschließend mit Ingrid machen würde. Wieso hatte ich sie da bloß mit hineingezogen?

Ich weiß nicht mehr, wie lange ich diesen Horror ausgehalten habe, als mich Waldemar an der Schulter berührte. Die Erde schien sich für einen kurzen Moment unter mir zu bewegen und dann war ich plötzlich wieder bei glockenklarem Verstand. Ich fühlte eine tiefe Ruhe und war völlig angstfrei. Als wir zum Rastplatz zurückkamen fanden wir Erika und Ingrid ins Gespräch vertieft.
Als Erika mich erblickte meinte sie unvermittelt, dass sie mich gut fände. Ich sei besser drauf als sie gedacht habe.
Damit konnte ich rein gar nichts anfangen. Was meinte sie wohl?
Es war inzwischen zwei Uhr nachts und wir konnten unmöglich die weite Strecke nach Hause fahren. Also lud uns Waldemar ein, bei ihm zu übernachten, was wir dankbar annahmen.

Später erzählte mir Ingrid, dass sie Panik bekommen habe, als sie Waldemar mit mir, mit seiner Trommel und mit der Axt im Wald hatte verschwinden sehen und dass sie sich in den schillerndsten Farben ausgemalt habe, dass er mir gleich den Kopf abhacken würde.

Mit wurde damals sehr schnell klar, dass mich Waldemar  mit seinem gruseligen Ritual auf die Probe gestellt hatte. Er wollte sicher sein, dass er seine kosmischen Energien an die Richtige weitergibt. Immerhin war ich seit langem seine erste Schülerin.
Und seine Frau war als Zeugin dabei, sie konnte meine Gedanken lesen.

Nach dieser positiven Erfahrung mit mir entschied sich Waldemar dafür, wieder Schüler anzunehmen. Er hatte verstanden, dass er Petrovs Lehre weitergeben musste.

Dmitrii Voevodin ist Expeditionsleiter und hat einen Leitfaden für Orte der Kraft geschrieben. Er absolvierte ein Studium bei Schamanen im nördlichen Karelien und bei südamerikanischen Schamanen in Peru, er ist Progressor von Kosmoenergetik, Schüler von V. Petrov, Autor von „Kareliens reale anomale Zone", „Tanzen mit Schiva", „Matrix der Mag", Voevodin ist ein Heiler, hat ein Abschluss der Moskau Universität als Psychologe und Biologe.

Dmitrii organisierte und beteiligte sich an vielen Expeditionen zu Orten der Kraft, so u.a.:Peru, Kuba, Karelia(Berg Vottovara), Altai, Adyge und vielen anderen Energieplätzen.

Altai-Gebirge, Berg Beluha

Peru, Weg der Inka

Kusova Insel, Weißes Meer

Karelien, Berg Vottovara

Es gibt Kraftplätze in der ganzen Welt, an denen man die Kosmische Energie fühlen und empfangen kann. Es gibt auch Zauber-
plätze, wo Wünsche wahr werden können. Gibt es solche Orte
auch in Deutschland? Ja, solche Plätze gibt es auch in Deutschland.

Ich möchte Ihnen diese zwei Plätze nennen.

Der erste Platz ist in Hamburg, Ludwig Erhard Straße, nicht weit
von der Kirche des Heiligen Michael. Dort steht ein Denkmal der
Tante mit Zitronen. Man muss den Zeigefinger der linken Hand
des Monumentes berühren und sich etwas wünschen, danach wird
Ihr Leben sich positiv verändern.

Der zweite Platz ist in München im westlichen Teil der Stadt, wo die Löwen aus Stein sitzen. Es gibt viele Menschen in München, die die Löwen an der Residenz im Vorbeigehen streicheln. Das Berühren der Löwenschnauzen an den Wappenschildern soll Glück bringen. Man muss sich eine Minute unter die Bogen des Eingangstores stellen, sich etwas wünschen und danach alle Löwenschnauzen berühren.

## Geschichten von Patienten

Seit vielen Jahren  behandele ich Patienten mit verschiedenen Krankheiten, und dabei habe ich meine eigenen Methoden entwickelt.

Wenn Sie die Diagnose „Krebs" gehört haben - nicht verzweifeln! Es gibt keine unheilbaren Krankheiten, aber es gibt unheilbare Patienten, die nicht geheilt werden können oder wollen – das ist dann nicht zu ändern.

Ich möchte Ihnen über einen Fall aus meiner Praxis berichten. Es geschah vor vielen Jahren. Ein Mann, nennen wir ihn Peter, hatte von den Ärzten die Diagnose: Magenkrebs bekommen. Die Ärzte sagten, dass der Fall wegen der Metastasen hoffnungslos war, und eine Operation nicht mehr helfen würde. Die Diagnose lautete: „Sie haben noch zwei Wochen zu leben".

Die Bekämpfung von Krankheiten war für mich kein neues Thema, denn ich hatte meine Erfahrung schon in den Zeiten gesammelt, die ich noch mit meiner Oma verbracht hatte.

Ich habe Peter geraten, zu einem bestimmten Imker und dessen Bienenvolk zu gehen, der in einem abgelegenen Dorf lebte. Dadurch, dass Peter nichts mehr zu verlieren hatte als sein Leben, hat er auf mich gehört. Ich gab ihm ein Gebet zur Heilung von Krebs, das ich von meiner Großmutter erbte, mit auf den Weg.

Ich riet ihm außerdem, allen seinen Feinden zu verzeihen,  Buße vor Gott zu tun für alle begangenen Sünden, alle toten Verwandten und Freunde „loszulassen" und sich von allem zu trennen was ihn zutiefst betrübe. Ich riet ihm auch zu hungern, nur Quellwasser zu trinken und Bienenpollen zu essen.

Es vergingen drei Monate. Und jeder dachte, der Mann ist schon lange tot. Aber wie groß war meine Überraschung, als er eines Abends an meine Tür klopfte. Ich habe ihn zunächst nicht erkannt. Vor mir stand ein ganz anderer Mensch: ein schlanker Mann, mit lebhaftem Glanz in den Augen und einem gesunden Gesichtsausdruck. Er strahlte vor Glück. Später, bei einer Tasse Tee, erzählte er mir, was inzwischen geschehen war: alle Dinge, die ich ihm geraten habe, hatte er befolgt.

In der ersten Woche hatte er jedoch Alkohol getrunken, weil er dachte, dass sowieso alles zu spät ist.

Nach dieser Woche hatte er einen Traum, dass er gestorben und im Himmel sei. Zwei Engel, schwarz und weiß, standen vor ihm. Auf großen Schalen wogen sie seine guten und schlechten Taten, die er in seinem Leben getan hatte. Es überwog die schlechte Seite. „Die Aufgabe der Seele ist nicht erfüllt worden", - sagte der weiße Engel. „Wird für als Ersatzteil verwendet" - antwortete glücklich der schwarze Engel. In diesem Moment sah der Mann sein Leben wie in einem Film, und beobachtete, wie seine guten Taten auf die eine Schale und die schlechten auf die andere Schale fallen. „Warten Sie, bitte, warten Sie, ich habe es verstanden…"- schrie er im Schlaf. Von seinem eigenen Schrei wachte er auf und setzte sich auf im Bett. Sein ganzes Leben hatte sich in einem Augenblick verändert.

Er verzieh seiner Ex-Frau, welche ihn vor zehn Jahren verlassen hatte, und die er immer noch liebte und nicht vergessen konnte; seinem Chef, der ihm gekündigt hatte; seinem Sohn, mit dem er eine schwierige Beziehung hatte weil dieser sich schämte dass sein Vater ziemlich viel trank und er vergab allen, die ihn jemals gekränkt hatten. „Jetzt bin ich frei und kann gehen" - dachte er. Dann spürte er den starken Wunsch, zu leben und alles zu verändern. „Herr, gib mir eine Chance, Ihnen meine Liebe zu beweisen" - sagte er. Am nächsten Tag fing Peter an zu hungern und allen meinen Empfehlungen nachzukommen. Die Tage vergingen und er fühlte sich immer besser. Seine Magenschmerzen nahmen allmählich ab und einen Monat später waren sie ganz verschwunden. Nach vier Wochen Hungern nur mit Wasser und Blütenpollen, wechselte er zu einer Obst- und Gemüse-Diät.

Mit der Hilfe Gottes, dem Gebet und einem gesunden Leben lebte er bei dem Imker drei Monate lang.

Nach seiner Ankunft zu Hause beschloss er einen Arzt aufzusuchen. Der Arzt erkannte ihn auf den ersten Augenblick nicht. „Ist es wahr? Leben Sie noch? " brach es überrascht aus ihm heraus. Nach einer gründlichen Analyse wurden keine Krebszellen mehr in Peters Körper gefunden.

Es ist ein Wunder - sagen Sie? Ja, das ist ein Wunder des Glaubens an Gott und an das Universum. Das ist eine Manifestation des Geistes über die Materie.

Später hatte ich einige Patienten, die in der Lage waren in drei bis vier Monaten ihren Krebs zu besiegen.

Hier möchte ich auf Techniken eingehen, die hoffentlich dazu beitragen die Lebensqualität von Patienten mit einer Krebs-Diagnose zurück zu bringen.
Am wichtigsten ist - sich zu entspannen und keine Angst zu haben. Wenn Sie Angst vor etwas haben, dann ziehen Sie das Pech an. Treiben Sie jeden Tag Sport, egal welchen, wecken Sie Ihre Lebensfreude, tanzen und singen Sie, hören Sie heilende Musik, beten Sie, suchen Sie sich als Unterstützung einen Heiler (aber nur zur Unterstützung). Der richtige Heiler müssen Sie selbst werden, indem Sie den Mut haben, Veränderungen in Ihr Leben zu bringen. Ich meine das ernst, Patienten verlieren die Lebenslust, wenn sie die Diagnose „Krebs" hören. Aber es ist wichtig, dass Sie sogar dann niemals aufgeben! Die Krankheit will ihnen nur zeigen, dass Sie in die falsche Richtung gehen, dass Sie Jemandem nicht verzeihen oder dass Sie nicht los lassen können. Sagen sie der Krankheit „Nicht mit mir!" Dann müssen Sie die Ursache Ihrer Krankheit finden. Unbedingt fasten, nur mit Honig (eine Teelöffel pro Tasse) und Zitronensaft. Täglich zwei Glas Rote-Beete-Saft, ein Glas Karottensaft, ein Glas Weißkohlsaft trinken (alle Säfte frisch gepresst!).

Wie Sie die Krankheit überwinden können, erfahren Sie aus dem Buch der großen amerikanischen Autorin Louise Hay "Heile deinen Körper und deine Seele." Sie hat selbst Krebs überlebt und ist mit ihren Büchern zu einer der populärsten Autoren der Welt gemacht.

In den wertvollen Büchern vom Arzt und Schriftsteller Rüdiger Dahlke "Krankheit als Symbol", "Krankheit als Weg" „ Das Schatten- Prinzip", erklärt der Autor im Detail verschiedene Krankheitsbilder und den Grund ihrer Entstehung, und auch die Möglichkeiten, diese Krankheiten zu besiegen.
Diese Bücher empfehle ich allen Patienten um ihre Gesundheit zu erhalten.

## Heilung durch die Kosmoenergie

Heinz S. ist ein gesunder Mann. Beruflich ist er ein LKW-Fahrer und ist mit an Tunnelarbeiten beteiligt. Heinz hat manchmal vom längeren Sitzen Verspannungen und Rückenschmerzen. Wenn er freie Tage hat, ist er bei uns in der Praxis und bekommt eine Ayurweda-Entspannungsmassage. Für ihn ist das wie ein kurzer Urlaub. Danach fühlt er sich fit und entspannt.

Die letzten Monate hatte Heinz zu viel gearbeitet, wodurch es zu einer Überlastung seines Armes kam. Er war beim Arzt und dort stellte man fest, dass er ein Karpaltunnelsyndrom hatte. Der Chirurg operierte ihn. Nach drei Tagen entzündete sich die Narbe. Er konnte die Hand nicht richtig bewegen, weil sie sehr schmerzte. Die große Narbe verlief über seine ganze Hand und glühte. Seine Frau machte sich große Sorgen um ihren Mann. Sie kam zu uns um an einem Kosmoenergie-Seminar teilzunehmen, aber als Anfängerin war sie noch nicht in der Lage ihrem eigenen Mann in kurzer Zeit zu helfen. Dieser Fall war für sie jedoch sehr wichtig. Sie wollte nicht, dass ihr Mann so lange leiden musste, denn er hatte einen neuen Arbeitsplatz, den er erst vor ein paar Monaten bekommen hatte. Die ganze Aufregung war so groß, dass Heinz zusätzlich einen hohen Blutdruck und Kopfschmerzen bekam. Der Blutdruck betrug 200/120, solch hohe Werte hatte er in seinem bisherigen Leben noch nie gemessen.

Ich diagnostizierte seine Hand und sagte, dass ich maximal drei Behandlungen bis zur vollen Genesung brauchen würde.

Schon nach der ersten Behandlung ging es Heinz viel besser, sein Blutdruck sank auf 150/80 ab. Er wurde drei Mal nacheinander behandelt. Anschließend besuchte er den Arzt erneut. Dieser war sehr verwundert, dass Heinz keine Schmerzen mehr hatte. Die Narbe war nach 3 Tagen so verheilt, dass sie kaum noch zu erkennen war. Der Blutdruck blieb bei 130/80 und stieg seitdem nicht mehr.

Heinz war sehr froh darüber, wieder arbeiten zu können. „Ich habe noch nie an so etwas geglaubt. Meine Frau nahm ich nicht richtig ernst, als sie von Heilung durch Kosmoenergie erzählte", sagte er. „Aber jetzt weiß ich es ganz genau. Wunderheilung gibt es wirklich!"

## *Schlusswort*

Wenn Sie Ihr Leben nicht bewusst leben, dann verpassen Sie viel. Sie verpassen das Leben. Sie verpassen die Liebe. Sie verpassen das Glück. Glück - das ist eine Kunst, aber sie kann erlernt werden. Dabei werden Sie nicht der Erste sein. Die Weisen und Heiligen haben der Menschheit heilige Texte hinterlassen mit denen man lernt, Glück zu erwerben. Ein Text ist überschrieben: "Die Gebote des Glücks."

Sie haben bestimmt schon von der Legende der Tempelritter im 12. Jahrhundert gehört. Bei einer Ausgrabung auf dem Tempelberg in Jerusalem wurde eine Sammlung von kurzen Anweisungen über den Weg zu Weisheit, Freude, Harmonie und Wohlstand gefunden. Nach der Tradition von Salomon überreichte ein Nachkomme, Jesus von Nazareth, seinen Jüngern "Die Gebote des Glücks" während seiner Reisen in Ägypten.
Bruchstücke dieser Lehren sind in den kanonischen Evangelien enthalten und bekannt als die „Seligpreisungen der Glückseligkeit".

Die Gebote enthalten eine symbolische und nicht immer eine verständliche, moderne Sprache der Menschen.

Sun Light beschreibt in seinem Buch "Die Bibel des Glücks" die Gebote im Detail und erläutert den Sinn und Geist des Textes. "Die Bibel des Glücks" ist eine Aufnahme von Gesprächen mit Mitgliedern des Sun-Light-Master-Class-Kurses "Alchemy of Abundance", der im Jahr 1996 in Nizza stattfand. Dieses Buch verhalf vielen, einen Einblick in die Natur der Energie der Fülle zu gewinnen. Denn nur wer sein Leben mit vollkommener Freude lebt, kann die Quelle von Glück, Erfolg und Weisheit entdecken.

Ich möchte Ihnen ein Stück von diesen Geboten hier vorstellen (das Buch steht leider nur in russischer Sprache zur Verfügung, ich habe versucht, es zu übersetzen):

„Als Jesus von Nazareth zu einem Treffen nach Sonnenaufgang vom Berg herabstieg, versammelten sich die Menschen am Fuße des Berges und sagten zu ihm: „Du bist die Quelle der Inspiration für uns. Deine Worte gehen in unsere Herzen. Und deine Weisheit erleuchtet unseren Geist. Wir sehnen uns danach, von dir zu hören. Sag uns: „Wer sind wir?"
Er lächelte und sagte:
„Ihr seid das Licht der Welt.
Ihr seid Sterne.
Ihr seid der Tempel der Wahrheit.
In jedem von euch befindet sich ein Universum.
Taucht euren Verstand in euer Herz,
Vertraut eurem Herzen,
Hört eure Liebe.
Selig ist die Kenntnis der Sprache des Lebens.

„Welcher Weg führt zum Glück?"
Glücklich danken.
Glückliche Ruhe.
Glücklich sein, das Paradies in sich zu finden.
Glücklich Geschenke mit Freude annehmen.
Glücklich suchen.
Glücklich aufwachen.
Glücklich auf die Stimme Gottes hören.
Glücklich die eigene Bestimmung erfüllen.
Glücklich die Einheit erkennen.
Glücklich das Göttliche betrachten.
Glücklich sein in Harmonie.
Glücklich sein über die Schönheit der Welt.
Glücklich sich der Sonne öffnen.
Glücklich sein wie die Strömung des Flusses.
Glücklich bereit sein, das Glück zu akzeptieren.
Glücklich weise sein.
Glücklich sein, sich selbst zu realisieren.

Glücklich sich vergnügen.
Glücklich das Leben loben.
Glücklich schaffen.
Glücklich frei sein.
Glücklich verzeihen."

Und voller Liebe auf die Menschen blickend fügte er hinzu:
„Aber noch viel mehr wird es Euch zum Schweigen und zum Glück
bringen – wenn Ihr nur Ihr selbst bleibt."

Die aufgelisteten Gebote des Glücks kehren das Leben eines
Menschen zum Guten um. Sie können Negatives in Positives um-
wandeln, dafür reicht es aus, wenn Sie dieses Buch öfters lesen.


Mehr Informationen zu unseren Seminaren erfahren über:
www.bistduamleben.de

Ich wünsche Ihnen viel Glück!

**Benutzte Literatur und Internetquellen**

P. Bragg, "Wunder des Fasten"
P. Barabasch, "Werden Sie in einem Monat schlank""
C. Neopolitanskii, „Jantra-Enzyklopädie"
D. Goldmann, „Heilung mit demTon"
J. Vietale, „Sekret"
D. Melhezideck, „Blume des Lebens"
D. Vojevodin, „ Matrix Mag", www.magicgeo.ru
                               www.cosmogenesis.ru
W. Petrow, „ Kosmoenergetik für Menschen"
T. Ki, „Verzeichnis der Heiler"
www.schubin.de
M. Emoto, „Die Botschaft des Wassers"
D. Melhezideck, „Blume des Lebens" www.blumedeslebens.de
A. Nekrasow „Istoki"
Sun Light „Die Gebote des Glücks"

www.braco-info.com
www.kriya.org
www.muttermeera.de
www.home.arcor.com
www.dezinfo.net
www.yogaparking.ru
www.vastuved.ru
www.tathatavrindham.de
www.dharmacanada.info
www.AntiLoch.com

## Die Bücher, die ich empfehle zu lesen:

P. Bragg, „Wunder des Fastens", „Essen ohne Irrtümer",
   „Wasser. Das größte Gesundheitsgeheimnis"
E. u. M. Prophet „Die Violette Flamme" und alle andere Bücher,
P. Yogananda „ Leben ohne Angst" „ Biographie eines Yogas"
   und alle andere Bücher
R. Dahlke, „"Die Schicksalsgesetze", „ Krankheit als Sprache der
   Seele", alle Werke
D. Goldman, „ Heilung mit den Tönen"
A. Brewer, „12 Stränge der DNA",
L. Carroll, „ Die 12 Stränge der DNA" , „Kryon" „Denke nicht wie
ein Mensch",
L. Hay, „Gesundheit für Körper und Seele"
Swami Vivekananda, "Karma Yoga"
O. Mandino, "Das Geheimnis des Erfolgs"
D. Melhezideck, " Blume des Lebens"
O. Aivanhov, "Goldene Regeln des Täglichen Lebens", alle Werke
S. Choquette, "Ask your Guides"
Joe Vitale, "The Secret", "The Key", "Ho`oponopono",
San Lait, "Gebote des Glück" - alle Werke
D. Voejvodin, „Matrix Mag", „Animalisches Karelien", „Tanzen mit
dem Shiva"
Carlos Castaneda, „Die Lehren des Don Juan", „Feuer von innen" „
„Der Zweite Ring der Kraft", „Reise nach Ixstlan", „Interviews mit
   Carlos Castaneda ",
S. Arubindo, „Yoga Synthese"

Masary Emoto, „Die Botschaft des Wassers"


Lesen Sie alle Heiligen Schriften!